골드만삭스를 신고
차이나를 걷는 여자

어떻게 최고의 커리어를 얻는가

골드만삭스를 신고
차이나를 걷는 여자

이은영 지음

알에이치코리아

기 때문에, 겉만 더듬고 있는 것이었다.

개중에는 중국이 미국의 거대 금융 회사를 자문사로 고용, M&A에 나서고 있다는 근거 없는 추측성 기사도 있었다. 중국 자본이 한국 금융 기업들을 잠식해 나가려는 움직임에 우려를 금할 수 없다는 기사도 등장했다. 그런 기사들을 보고 있자니, 실소가 터져 나왔다.

'중국 자본은 그런 식으로 움직이지 않는단 말이야.'

나는 화를 내기보다는 그 딜을 성사시킨 덕에 알리안츠 코리아의 1,300여 명 직원이 자리를 보전하게 되었다는 소식에 기뻐하기로 한다. 알리안츠 코리아는 금융감독원에 한국 시장에서의 완전 철수를 예고한 상황이어서, 이 딜이 깨졌더라면 보험 거래는 남아 있더라도 관련 직원들은 모두 해고될 상황이었다.

또 하나, 내가 자신만만한 데는 나름의 이유가 있었다. 나는 이 딜을 통해 중국 자본을 움직이는 힘, 내부자들에 의해서만 움직이는 그 은밀한 거대 자본의 중심부까지 들어가보았기 때문이다.

3년 전 나는 글로벌 기업의 오퍼를 모두 거절한 채 한국의 집을 처분하고 중국으로 떠났다. 어떤 약속도 없이 중국행을 택했을 때, 내가 원하는 바는 분명했다. 나의 성장을 함

눈부신 커리어를 꿈꾸는
당신에게

"알리안츠 생명, 중국 자본에 넘어가다."

1년 3개월간 매진했던 알리안츠 생명과의 딜은 그동안 내가 M&A^{Mergers & Acquisitions}(기업 인수·합병) 전문가로서 쌓아 올린 노하우를 십분 발휘한 작업이었다. 고난과 환희가 가득했던 딜을 끝낸 나는 이에 관한 기사를 보고 있었다. 세계 8위 규모의 중국 보험사가 16조 원 규모의 한국 보험사를 100퍼센트 인수한다는 소식에 미국과 중국, 한국 언론이 기사를 쏟아냈다. 그러나 그 어디에도 소문과 추측을 넘어 사실을 전하는 기사는 없었다. 바깥에서는 이 딜의 실체를 알 수 없께했던 미국의 금융 기업들과는 너무나 다른, 알 수 없는 룰에 의해 움직이는 저 거대한 대륙의 자본을 내 힘으로 움직여보고 싶었던 것이다. 이 무모한 꿈을 위해 나는 과감히 도박을 해보기로 했다.

지나고 보면 나의 삶은 스스로 선택한 반전의 연속이었다. 포기하지 않고 노력한 끝에 결과물을 얻고 나면, 자연스럽게 열려 있는 문으로 들어가기보다 닫혀 있는 다른 문을 향해 돌진했다.

나는 한국에서 학부를 졸업하고 아이비리그에서 언어학 석·박사 학위를 마쳤고, 학위 과정 중간에 일본에서 일본어를 연구하기도 했다. 교수가 되는 것이 어렵지 않던 시절, 그러나 여자에게 열려 있는 사회의 문은 매우 좁았던 시절, 상대적으로 쉬운 교수의 길을 포기하고 전 세계 최고의 컨설팅 기업 '맥킨지'에 입사해 컨설턴트가 됐다. 이후 IMF 위기 때 맛본 금융의 세계로 진입하기 위해 아시아 금융 허브 홍콩행을 선택했다. '골드만삭스'에서 M&A 전문가로 다시 태어났고, '리먼 브러더스'에서 리스크를 책임지는 투자자로 성장했다. 리먼 브러더스가 파산하는 역사적인 사건 이후, 한국으로 눈을 돌려 'SK 그룹' 최초의 M&A 전담 임원이 되어 M&A를 통한 글로벌 진출을 이끌었다. 미국 금융을 아는 사람들이 엄지를 치켜세우는 커리어의 주인공이 된 후, 나는 힘들게 쌓은 영어 실력조차 아무런 쓸모가 없는 험난한 중국 자본의 한가운데로 돌진했다. 그렇게 중국 '안방 보험'의 유일한 외국인이 되어 중국 자본을 한국에 유치했다.

세계 경제를 움직이는 거인들과 함께 움직이면서 나는 늘 최고의 커리어에 도전했다. 세계 경제의 거대한 흐름, 그 무게를 느끼며 그 안에서 묵묵히 기여하고 당당하게 일했다. 그 흐름으로 인해 기업이 바뀌고, 세상이 바뀌고, 근본적인 구조가 달라진다는 사실을, 회사가 없어질 수도 살아날 수도 새로운 회사가 생길 수도 있음을 알게 되었다.

지금부터 나는 키 155센티미터의 작고 마른 토종 한국 여자가 겹겹의 벽을 뚫고, 무거운 징검돌을 하나씩 하나씩 놓으며 최고의 커리어를 쌓아간 이야기를 하고자 한다. 중요한 시기마다 나는 무언가를 버렸고, 그 대가로 반짝이는 별을 얻었다. 내 치열한 노력으로 얻어낸 스펙을 스스로 버리고, 그 스펙과는 무관한 험난한 길을 택했다. 그 과정이 결코 녹록지는 않았지만 나는 하고 싶은 것을 할 수 있어 좋았고 행복했다. 그러므로 이 책은 별을 향해 돌진했던 한 사람의 커리어 여행기로 보아도 무방하다.

나는 알고 있다. 반드시 변해야 할 이유가 없을 때 변화하는 것이 가장 어렵다는 것을. 하지만, 버리고 가지 않으면 갈수 없고, 가지 않으면 지금껏 배운 것을 더 크게 쓸 수 없다.

삶을 뒤집고, 또 뒤집고, 버리고 또 버리면서, 반전을 추구하는 것이 어찌 힘들지 않았을까? 하지만 한 번이 어렵지 그 다음부터는 어려워도 해낼 수 있다. 선택하고, 노력하면 된다. 당신도 가능하다.

이은영

차례

1장

언어학자에서 컨설턴트로

트라우마, 악순환을 경계하라

드디어 길을 찾다

맥킨지 입사(1997)
IMF 구제 금융
아시아 경제 위기(1997)

DKNY와 프라다
그리고 맥킨지

언어학자에서
컨설턴트로

M&A에서는 잔금이 지급되고 거래가 완벽하게 끝나는 것을 가리켜 '클로징 closing'이라고 한다. 클로징이 이루어진 날에는 보통 두 회사의 주역들이 모여 인사와 덕담을 나누고 간단한 기념식을 한다. 행여나 거래가 틀어지면 어쩌나 마음 졸이며 안절부절못하던 이들도 이날만큼은 마음을 푹 놓고 기쁨을 만끽한다.

시끌시끌하고 열기로 가득한 클로징 기념식을 마치고 집으로 돌아와 가만히 뜨거운 물로 샤워를 할 때면 충만한 행복감에 젖는다.

'나처럼 소심하고 낯도 많이 가리는 작은 여자가 어떻게

이런 남성적이고 거친 세계에 발을 들여놓게 된 걸까?'

이런 생각을 하며 가만히 웃곤 한다.

꿈의 직장, 맥킨지라고?

언어학 박사였던 내가 맥킨지에 입사한 것은 사소하고 일상적인 한 토막의 대화 때문이었다. 당시 나는 미국 코넬대에서 언어학 박사 과정을 밟는 중이었는데, 박사 논문과 졸업 시험 준비에 집중하던 어느 날 나보다 한 학년 위인 친구로부터 이런 이야기를 들었다.

"내가 오늘 맥킨지 면접에 다녀왔거든. 인터뷰하던 컨설턴트들이 하는 말을 듣고 있는데 내가 보기엔 좀 아닌 거 같더라고. 그래서 내가 논리적으로 하나하나 반박을 해줬더니 나를 떨어뜨렸지 뭐야. 기분 나쁘다 이거지."

코넬에는 자신감 넘치는 친구들이 많았다. 전자공학 박사 과정을 밟던 이 친구의 자신감은 우리들 내에서도 단연 돋보였다. 면접에서 떨어지고도 자기가 잘나서 그런 거라고 으스대다니. 대단한 자신감이라고 해야 할지 허세라고 해야 할지 모를 일이었다. 나는 농담을 건네듯 이 친구에게 핀잔을

주었다.

"뭘 얼마나 못했기에 1차에서 떨어진 거야?"

"못해서가 아니라 밉보여서 떨어진 거라니까. 잘난 사람의 비애지, 뭐. 난 이렇게 됐지만 넌 내년에 한번 도전해봐. 혹시 알아, 너는 붙을지?"

그 순간부터 컨설팅 기업 맥킨지에 관심이 생겼다. 1926년 미국의 경영학 교수 제임스 맥킨지가 설립한 이 다국적 컨설팅 회사는 업계에서 명실상부 최고의 기업으로 꼽히며, 예나 지금이나 프로페셔널하게 일하고 싶어 하는 이들에게 '꿈의 직장'으로 불린다. 하지만 그즈음 맥킨지가 한국에 진출해 서울 사무소를 열었다는 정보 외에, 내가 그 회사에 대해 아는 것이라곤 거의 없었다.

시작은 호기심, 그다음은 완벽한 준비

해가 바뀌고 맥킨지의 캠퍼스 리쿠르팅 campus recruiting이 열린다는 소식을 들은 나는 곧바로 참가 신청을 했다. 만약에 내가 졸업 후 진로에 대해 명확한 청사진을 가지고 있었다면, 맥킨지에 눈을 돌리지 않았을지도 모른다. 하지만 그때 나는 학계에 남아서 교수를 해야 할지, 취업을 해야 할지 고민하면서 다양한 가능성을 모두 고려해보고 있었다. 맥킨지 역시 여러 가능성 가운데 하나였다.

사실 그곳에 꼭 들어가고 싶다는 생각보다는 '대체 거기가 어떤 곳이기에 이렇게 사람들이 가고 싶어 하는 것일까'라는 호기심이 더 컸다. 한번 도전해보라며 나를 도발했던 그 친구 외에도 내 주변에서 MBA 과정을 밟고 있는 친구들 대부분이 맥킨지를 노리고 있었기 때문이다.

"지원서가 통과됐으니, 면접을 보러 오세요. 장소는 맨해튼입니다."

면접이라고? 막상 통과됐다는 연락을 받고 나니 머릿속이 하얘지는 기분이었다. 나는 아무것도 준비가 되어 있지 않았다. 마음을 가라앉히고 상황을 정리해보니, 문제는 크게 세 가지였다.

첫째, 나는 경영의 기역 자도 모른다. 학사 때는 물론이고 대학원 과정을 통틀어서도 경영학 수업을 들은 적이 단 한 번도 없다. 둘째, 경영과 경제의 기본 이론조차 모르니 면접 준비를 어떻게 해야 할지 감도 잡을 수가 없다. 따라서 자신감이 바닥이다. 셋째, 면접에 입고 갈 옷이 없다. 그전까지 격식을 차려야만 하는 자리에 갈 일이 없었으니, 당연한 일이다.

자연히 면접을 포기할까 하는 나약한 생각이 고개를 들었다. 친하게 지내던 한국인 유학생 친구에게 이런 고민을 털어놨다. 그는 식품공학과 학생이면서 푸드 마케팅을 전공하고 있어서 나보다는 경영학을 더 잘 아는 친구였다.

"못 한다고? 네가 못 하면 누가 해. 여기 있는 한국 학생들 중에 너처럼 영어에 능숙한 사람이 있어? 너처럼 성실하고 열정적으로 공부하는 애는? 너처럼 논리적이고 분석적인 사람도 없잖아. 맥킨지에 너만큼 적합한 사람도 없을걸?"

그는 친구로서 단순히 내 자신감을 북돋워 주려고 그렇게 말했는지도 모른다. 아니면 외국인으로서 코넬로부터 전액 장학금을 지원받으며 공부한 점을 맥킨지도 인정할 것이라고 봤거나, 그것도 아니라면 무엇이든 열심히 하는 내 모습 자체를 높이 평가했을 수도 있다.

어느 쪽이든 간에 나는 그 말 한마디에 자신감을 얻었다. 내가 평가하는 나와 다른 사람이 평가하는 나는 다를 수 있다는 생각이 들었다. 사람들은 자신을 박하게 평가하곤 하니까 말이다.

그날부터 나는 온종일 MBA 도서관에 처박혀 컨설팅이란 무엇이며, 맥킨지는 어떤 방식으로 일하는지, 어떤 인재를 원하는지를 다룬 각종 경영서를 찾아 닥치는 대로 읽었다. 예상 문제를 뽑아서 풀었고, 경영학과 친구들을 붙잡고 인터뷰 연습을 했으며, 나를 차별화시킬 수 있는 아이디어를 찾기 위해 노력했다.

어느 정도 준비가 끝나자, 면접용 의상을 사기 위해 무려 5시간 거리에 있는 맨해튼으로 차를 몰았다. 불행히도 가는 길에 교통사고가 크게 났다. 추운 겨울 새벽, 꽁꽁 얼어붙은 고속도로 다리 위에서 차가 미끄러져 난간을 들이받은 것이다. 수십 미터 계곡 아래로 차가 굴러 떨어질 뻔한 아찔한 상황이었다. 자동차는 폐차를 해야 할 만큼 심각하게 찌그러지고 말았다. 나는 사고 충격으로 온몸이 덜덜 떨리는 와중에도 렌터카를 불러 기어이 맨해튼으로 갔다. 사고 후유증으로 온몸이 욱신거리고 아픈데도 다리를 절뚝거리면서 고급 옷가게를 돌아다녔다.

지금도 그때 주머니를 탈탈 털어서 샀던 옷과 구두가 생생하게 떠오른다. DKNY의 검정색 투피스와 하얀색 실크 블라우스, 프라다 구두. 내 생애 첫 번째 정장과 하이힐이었다.

슈트를 갖춰 입자, 마치 원더우먼처럼 힘이 났다. 이제 모든 준비는 끝났다.

일단 해보고 후회해도 늦지 않다

1차 면접은 맨해튼의 한 호텔에서 진행되었다. 맥킨지가 통째로 호텔을 빌리고, 전 세계 맥킨지 오피스에서 나온 사람들이 객실을 하나씩 차지한 뒤 그 방에서 면접을 봤다. 내 지원서에 관심을 보인 곳은 서울 사무소였다.

맥킨지는 컨설팅 회사지만, 채용에 있어 경제학이나 경영학 전공자만 고집하지 않았다. 그들은 자신들이 원하는 인재상이 '문제 해결 능력'과 '논리적인 사고방식'을 갖춘 사람이라는 점을 강조했고, 그런 이유로 MBA뿐 아니라 다른 분야 전공자들을 위해서도 매년 캠퍼스 리쿠르팅을 연다고 했다.

뉴욕에서 두 차례, 총 네 번의 면접을 통과한 뒤 나는 서울 사무소에서 마지막 면접을 보았다. 하루에 세 차례씩 사흘간 면접이 진행되었고, 모든 면접은 일대일 방식으로 이루어졌다. 매일 무려 6시간에 걸쳐 면접이 진행되었는데, 면접관이 바뀔 때마다 계속해서 새로운 질문들이 쏟아졌다. 입에서 단내가 날 지경이었다.

술술 답변을 쏟아내던 내가 말문이 막혔던 적이 딱 한 번 있었다. 바로 다음 질문을 들은 다음이었다.

"결혼 계획 있어요? 결혼하고 나서도 계속 일할 거예요?"

뭐라고 대답했는지 잘 기억이 나지 않는다. 아마 결혼하고 나서도 일을 그만두진 않을 거라는 정도로 말을 얼버무렸을 것이다. 어쨌든 세계적인 글로벌 기업의 면접 자리에서 이런 사적인 질문을 들었다는 것 자체가 너무나 예상 밖의 일이어서 선뜻 입이 떨어지진 않았다.

'아무리 맥킨지라도 서울 사무소에서 일한다면 쉽지 않겠는데….'

아주 잠깐이지만 그런 생각을 했다. 맥킨지에 최종 합격하고 나서 입사를 잠시 망설였던 것도 이런 이유에서였다. 결국 주어진 기회는 한번 잡아보고 나서 후회해도 늦지 않다는 생각에, 가는 쪽으로 마음을 굳히긴 했지만.

상상할 수 없는 미래

내가 맥킨지에 합격하자, 주변 사람들은 신기하다는 얼굴로 내게 물었다.

"어떻게 언어학을 전공하고 첫 직장을 컨설팅 회사로 선택했어?"

비결은 단순했다. 아주 작은 호기심을 그냥 흘려보내지 않왔던 것, 준비되어 있지 않아도 뛰어들었던 것, 상대가 내민 손을 잡았던 것. 무엇보다 나의 한계를 미리부터 결정짓지 않았던 것. 만약 내가 맥킨지에 들어가려면 MBA 출신이어야 한다거나 경영학 공부를 많이 한 사람이어야 한다는 생각에 갇혀 있었다면, 그곳에 지원조차 하지 못했을 것이다.

나의 아버지는 '목표를 가져야 한다'는 말을 입버릇처럼 하시곤 했다. 아버지가 말하는 목표가 구체적인 직업을 의미하는지, 아니면 인생의 큰 그림을 의미하는지는 정확하게 알지 못했다. 하지만 아버지의 영향으로 어릴 때부터 '목표'라는 단어는 내 머릿속에 선명히 각인되어 있었다.

코넬에서 언어학을 공부하던 시절, 주변 사람들은 막연히 내가 교수가 될 거라고 생각했다. 하지만 정작 나는 '그럴 수도 있지만, 아닐 수도 있겠지'라고 생각했다. 그렇더라도 학부에서 영문학을, 대학원에서 언어학을 전공한 내가 맥킨지에서 컨설턴트로 일을 시작하고 골드만삭스와 리먼 브러더스 같은 금융사를 거쳐 M&A 전문가가 되리라는 건 꿈도 꾸지 못했다.

미래에 관한 내 생각은 지극히 평범하고 원론적이었다.

'노력하다 보면 길이 생기겠지. 최선을 다하면 적어도 실패하지는 않겠지.'

세상은 너무나도 넓다. 나의 좁은 경험과 짧은 소견으로는 이 세상에 대해서도, 나의 가능성에 대해서도 규정할 수 없다. 나는 이 사실을 늘 잊지 않으려고 애썼다.

아버지가 말한 '목표'는 내게 '넓은 세상에서 다양한 경험을 쌓는다'라는 큰 그림으로 전환됐고, 나는 그 그림에 부합하는 것이면 무엇이든 시도해보기로 했다. 나를 둘러싼 세상이 넓어질수록, 나의 경험치가 늘어날수록, 내가 스스로에 대해 확신할 수 있는 사실은 한 가지뿐이었다.

'아, 나는 여전히 모르는 게 너무 많구나.'

나를 찾는 긴긴 여정

요즘은 어린 나이에도 자신의 꿈을 구체적으로 결정해놓은 사람들이 많다. 인생의 로드맵을 중요시하는 시대의 분위기상 요즘 친구들은 과거의 우리보다 목표가 확실하고 똑부러진다.

"콘텐츠를 기획하고 제작하는 크리에이터가 되고 싶어요."

"경영학을 공부한 뒤 주식 애널리스트가 될 거예요."

"어릴 때부터 변호사가 되는 것이 꿈이었어요."

이렇게 자신이 무엇을 원하는지 확실히 알고 꿈과 상관없는 길로 빠지지 않기 위해 일찌감치 로드맵을 준비해둔 사람들도 적지 않다.

보통 일찌감치 꿈을 결정한 이들이 꿈에 빨리 도달할 것이라고 생각한다. 그런데 나는 장래희망을 일찍 결정하는 것이 그렇게 중요한 일은 아니라는 생각이 든다.

'나는 무엇이 되고 싶은가'라는 질문은 본질적으로 '나는 어떤 사람인가'라는 질문을 내포한다. 이 물음은 평생을 곱씹어도 대답하기 힘든 난제다. 한 사람 안에도 무수히 다양한 가능성이 잠재되어 있고 사람은 우리가 생각하는 것 이상으로 복잡한 존재다. 나는 지금도 나에게서 그간 몰랐던 새로운 면을 발견하고 깜짝 놀랄 때가 있다. 따라서 청년 시절에 이미 이 질문에 대한 대답을 찾았다면 한 번쯤 그것이 정말 정답일지 의심해봐야 한다.

다양한 경험을 해보기 전에 그것이 진짜 하고 싶은 일인지, 아닌지 판단할 수 있을까?

처음부터 맥킨지에 입사하는 것이 내 목표는 아니었지만, 나는 맥킨지가 내밀어준 손을 기꺼이 잡았다. 이것이 내게 또 어떤 새로운 길을 열어줄지 너무나 설렜다.

트라우마,
악순환을 경계하라

맥킨지에 입사하고 며칠 만에 클라이 언트를 대동하는 회식이 잡혔다. 첫 직장생활, 첫 프로젝트, 첫 클라이언트 회식. 모든 것이 처음이었고 모든 것이 낯설었다. 맥킨지 사람들 셋 그리고 클라이언트 몇 명이 마주앉았다. 두 집단 사이로 끊임없이 술잔이 오갔고, 대화에는 공적인 이야기와 사적인 이야기가 뒤섞였다.

우리나라에서는 이런 자리, 이런 시간을 사회생활의 일부라고 한다. 사회생활. 이제 막 사회에 첫발을 내디딘 나는 무엇이든 잘해내고 싶은 의욕으로 가득했다. 술을 한 잔도 못 마시지만 속으로는 이런 분위기에도 익숙해져야 한다고 각오를 다지고 있었다.

잊지 못할 첫 회식

마침내 길고 불편했던 술자리가 파장에 접어드는가 싶었다. 그러자 클라이언트 한 사람이 양복 재킷을 챙기며 말했다.

"자, 이제 2차 갑시다!"

밖으로 나오자 밤공기가 선선했다. 달아오른 얼굴이 조금 가라앉는 듯했다. 누군가는 골목 어귀에서 담배를 피워 물었고 누군가는 택시를 잡기 위해 도로변으로 나갔다. 2차를 가야 한다고 말했던 클라이언트는 우리 쪽 사람들을 붙잡으며 같은 말을 반복하고 있었다.

"2차 가자고, 2차!"

나는 잠깐 눈치를 살피다가 상사와 클라이언트에게 다가가서 인사를 건넸다.

"회사에 다시 가서 마무리할 일도 있고…. 죄송한데 먼저 들어가 보겠습니다."

상사가 "그래, 먼저 들어가"라고 말하자마자 클라이언트 중 하나가 냅다 소리를 질렀다.

"가긴 어딜 가!"

눈 깜짝할 사이에 평생 잊지 못할 그 일이 벌어졌다. 2차를 가야 한다고 고집을 부리던 클라이언트가 순식간에 내 머리채를 휘어잡은 것이다. 그는 일행이 잡아놓은 택시까지 나를 끌고 가서 강제로 차에 태울 셈이었다. 우악스러운 손에 머리채를 잡힌 채로 골목 안쪽에서부터 큰길까지 끌려가는 동안 머릿속에는 한 가지 생각뿐이었다.

'도대체 지금 무슨 일이 일어나고 있는 거지?'

이 모든 게 꿈인 것 같고, 현실감이라곤 없었다. 머리카락이 뽑힐 것 같은 아픔도, 이런 일을 당해선 안 된다는 분노도, 나중 문제였다. 질질 끌려가 택시 뒷좌석에 내팽개쳐지고 쾅 소리와 함께 차문이 닫힐 때까지, 나는 내가 무슨 일을 당하고 있는지 파악하려고 애썼다. 그것은 내가 한 번도 상상해보지 못한 일이었다.

회사 생활을 하다 보면 여러 가지 어려움에 맞닥뜨리게 될 것이니 힘들고 고생스러운 순간은 미리 각오해뒀다. 하지만 누군가에게 머리채를 잡히고 차 안에 내동댕이쳐지는, 이토록 치욕적인 상황은 머릿속에 그려본 적조차 없었다.

택시 안에서 비로소 정신이 든 나는 어떻게든 도망쳐야 한다는 절박함과 공포심에 손이 덜덜 떨렸다. 택시가 목적지에 정차하자마자 나는 재빨리 차문을 열고 마구 도망쳤다. 어떻게 집으로 돌아왔는지 기억도 나지 않는다.

출근을 하자마자 전날 회식을 함께 했던 남자 팀원들에게 그 상황에 대해서 이야기했다. 나는 팀원들이 내가 처한 일에 대해 함께 분노해줄 것이라고 기대했다. 당시 맥킨지 서울 사무소에는 미국에서 온 외국인 파트너들도 있었으므로, 다 같이 가서 파트너에게 자초지종을 이야기하고, 파트너가 내가 겪은 부당함에 대해 클라이언트에게 정식으로 항의할 것이라고 믿었다. 그런 다음에 클라이언트의 대응에 따라서 이 프로젝트의 진행 여부가 논의되어야 마땅할 일이었다.

하지만 현실은 내가 기대한 것과 너무나 달랐다. 팀원들은 내 이야기에 별다른 반응조차 보이지 않았다. 내 편이 되어주기는커녕 내가 느낀 당혹감과 모욕감에 공감조차 해주지 않았다.

어쩔 수 없이 혼자서 외국인 파트너를 찾아갔다. 그에게 내가 당한 일에 관해 이야기하자, 그는 직원들을 불러놓고 내가 이러저러한 일을 겪었다고 이야기했다. 그러나 그걸로 끝이었다. 그들은 클라이언트에게 항의하지 않았고 프로젝트를 계속 진행할 것인지에 관한 논의도 하지 않았다. 나를 팀에서 제외시킨 채 프로젝트는 계속 진행됐다.

조직을 믿었지만…

맥킨지에 입사하기 전에 예비 컨설턴트들끼리 스위스에서 2달 동안 교육을 받은 적이 있다. 이때 약식으로 MBA 과정을 공부했고, 컨설턴트의 자질을 키우기 위한 케이스 스터디를 했다. 아침부터 밤까지 숨 가쁘게 이어지는 교육 과정에서 회사가 일관되게 강조한 이야기가 있었다.

"맥킨지는 톱클래스다. 미국에서 가장 입사하고 싶은 회사 1위다. 우리는 이 명성에 걸맞은 원칙과 도덕성을 가지고 있다. 그 원칙 중 하나는 우리에게 클라이언트가 가장 중요하다는 것, 하지만 그보다 더 중요한 것은 맥킨지 사람들이라는 사실이다. 우리에게 부당한 행동을 하는 클라이언트와는 프로젝트를 진행하지 않는다."

나는 교육 과정 동안 반복해서 들었던 그 이야기를 진심으로 믿었다. 맥킨지가 도덕성을 중요시하는 회사란 말을 믿었기에 내가 겪은 부당함에 대해 회사가 적극적으로 나서줄 것이라 기대했다. 하지만 결과는 정반대였다. 과연 이 일이 클라이언트 회사에 전달되었는지조차 의심스러웠다. 상대편에서는 사과 한마디 없었으니까.

또 하나, 내가 견디기 힘들었던 것은 그 일로 인해 사람들이 가지게 됐을지도 모르는 나에 대한 선입견이었다. 컨설팅 회사에서 가장 중요한 것은 프로젝트에 투입되는 것이다. 프로젝트가 생겼을 때 매니저가 가장 먼저 하는 일도 사람을 골라서 팀을 꾸리는 일이다. 크고 중요한 프로젝트에 투입되는 횟수가 늘어날수록 경력이 쌓이고 경력이 쌓여야 승진을 할 수 있는 구조에서, 나는 이미 첫 계단을 헛디디고 고꾸라진 것일지도 모른다는 생각이 들었다. 클라이언트에게 부당한 일을 당했다는 분노와 설움만이 문제가 아니었다. 인간적인 위로와 공감도, 공식적인 조치와 대응도 없는 상황에서 나는 오히려 내가 이상한 사람으로 낙인찍힌 건 아닌지 걱정하는 지경에 이르렀다.

'사람들이 나와 일하기 어렵다고 생각하는 건 아닐까. 내가 문제를 일으키는 사람이라고, 클라이언트와 매끄럽게 지내지 못하는 사람이라고 여기고 있지 않을까.'

나는 프로젝트가 주어지지 않거나 사람들이 내게 호의적이지 않은 것처럼 느껴질 때, 회사 안에서 부정적인 일을 겪을 때마다 그날의 회식 자리를 떠올렸다. 일이 잘 풀리지 않으면 '그 일 때문이 아닐까'라는 생각이 사라지지 않았다. 나는 분명 피해자인데도 내 잘못이 아닌가 하는 생각을 했고, 자신을 탓하게 됐다. 그 과정에서 자존감을 다친 것이 가장 가슴 아픈 일이었다.

내가 사회생활에 첫발을 내디디며 든 생각이, 사회는 내가 생각하던 것보다 훨씬 더 냉정하다는 것이었다. 지금까지 믿었던 원칙이나 합리성이 내가 기대했던 대로 작동하지 않기 때문에 더 정신 바짝 차리고 나를 지켜야 하는 곳, 그곳이 바로 사회였다.

악순환에 빠지지 말 것

얼마 전, 그날의 불미스러운 일을 떠올리다 문득 궁금증이 생겨났다.

'나는 아직도 그 일이 생생한데, 같이 일했던 동료들도 기억하고 있을까?'

이제야 용기를 내서 현재 한국 맥킨지의 대표로 있는 당시 동료와 선배 몇몇에게 물어봤다. 그런데 그들은 그 일을 전혀 기억하지 못했다. 프로젝트 매니저도 마찬가지였다.

입사 동기였던 한국 맥킨지 대표에게 다시 물어봤다.

"만약에 지금 회식 자리에서 그와 비슷한 일이 일어났다면 어떻게 할 거야?"

"당연히 프로젝트를 중단시켰겠지."

그렇게 대답해준 그가 고마웠다.

21년이 지난 지금 돌이켜보면 나를 가장 힘들게 했던 것은 '그 일' 자체만이 아니었다. 내가 그 일을 바라보고 해석하는 관점, 사람들이 나를 어떻게 생각할지 걱정하는 마음, 회사에서 약속했던 것이 지켜지지 않은 것에 따른 배신감, 앞으로도 거대 기업의 비윤리적인 관행에 수없이 맞닥뜨릴 거라는 두려움 등 내 안에는 복합적인 생각과 감정이 뒤얽혀 있었다. 그런 와중에 내 머릿속을 떠나지 않던 질문은 이것이었다.

'그 클라이언트는 나한테 왜 그랬지? 내가 무슨 잘못을 했는데? 회사는 왜 아무 조치도 취하지 않지? 이건 분명 조치가 있어야 하는 일인데?'

나는 이해할 수 없는 것, 이해할 필요도 없는 것을 이해하려고 애썼다. 도저히 납득할 수 없는 일을 겪었을 때 우리는 '내가 왜 그런 일을 당했을까' 생각하는 경우가 많다.

하지만 클라이언트가 왜 내 머리채를 휘어잡고 끌고 갔는지 나는 이해할 필요가 없었다. 상사나 동료에게 부당한 일을 당했을 때도 마찬가지다. 부당함은 이해나 납득의 문제가 아니다. 이런 생각에 몰두하다 보면 자칫 답 없는 질문만 던

지며 악순환에 빠지기 쉽다. 그래서 사건과 나를 분리시키려는 노력이 필요하다.

다음으로 중요한 것은 벌어진 일에 대응하는 것인데 안타깝게도 대응할 수 있는 방법은 그리 많지 않았다. 부모님과 가까운 사람들에게는 걱정을 끼칠까 봐 말하지 못했고, 회사 안에서는 나의 커리어에 부정적인 영향이 생길까 봐 사건을 확대시키지 못했다. 그럼에도 내가 겪은 부당함을 알리려고 최선을 다했던 것이 불행 중 다행이었다는 생각이 든다. 나는 그 상황에서 내가 할 수 있는 일을 다했다. 처음에는 팀원들과 매니저에게, 나중에는 파트너에게, 나는 문제를 제기했고 조치를 요구했다.

부당한 일이 일어났고 돌이킬 수 없는 상처를 입었다면, 더는 악순환에 빠지지 않을 방법을 찾아야 한다. 내게는 그 방법이 문제를 제기하는 것이었다. 비록 받아들여지진 않았지만, 그것을 해본 것과 해보지 않은 것 사이에는 분명 큰 차이가 있다.

드디어
길을 찾다

1997년 11월 21일, 대한민국 정부는 국제통화기금International Monetary Fund, IMF에 자금 지원을 요청하기로 결정했다. 외환 위기가 공식화되는 순간, 한국 경제는 급속도로 얼어붙기 시작했다.

국민 대다수가 아직도 이 시절을 기억할 것이다. 1998년에는 실업자 수가 전년도 대비 거의 3배로 불어났다. 자고 나면 도산한 기업과 파산한 사람들의 소식이 들려왔다. 어디 그뿐인가. 절망에서 벗어나지 못하고 극단적인 선택을 한 이들의 이야기에 잠을 설치는 날도 많았다. 그해 겨울은 정말이지 지독하게 추웠다.

IMF로 시작된 우연 그리고 기회

내가 맥킨지에 입사하고 불과 몇 개월 후, 우리나라는 IMF 외환 위기를 맞았다. 당연히 하루하루가 긴장의 연속이었다. 가장 먼저 외국 자본이 빠져나갔고, 수많은 기업이 문을 닫았다. 그런데 아이러니하게도 이 국가적인 위기가 새로운 길을 열어주었다. 도산 위기에 직면한 재벌 그룹들이 알짜배기 회사를 매각하기에 이르렀고, 정부는 사상 초유의 경제 위기를 극복하기 위해 기업 간의 M&A를 주도하고자 나선 것이다.

당시 한국에는 M&A 전문가가 턱없이 부족한 실정이었다. 그런 상황에서 기업의 이합집산이 가속화되자 어쩔 수 없이 컨설팅 회사를 찾는 곳이 부쩍 늘어났고, 맥킨지는 때 아닌 호황을 맞이하게 되었다. 맥킨지는 컨설팅 전문 기업이지만 글로벌 기업으로 전 세계 주요 기업을 클라이언트로 두고 있어서 한국 회사들을 매수할 수 있는 기업을 잘 알고 있었다.

우리는 재벌 그룹의 운명이 걸린 굵직한 프로젝트들을 도맡아 진행했다. 그 과정에서 나 역시 기업가들이 자산이나 회사를 매각하는 프로젝트에 참여하는 일이 많아졌고, 금융업에 흥미를 느끼게 되었다.

M&A 프로젝트 중 내가 처음으로 참여한 것이 두산의 OB 맥주 매각 건이었다. 1997년 겨울, 두산 그룹이 도산 직전에 이른바 캐시 카우cash cow(시장의 성장 가능성은 낮지만 꾸준히 수익을 안겨주는 비즈니스)로 꼽히던 OB맥주를 내놨다. 이에 버드와이저의 모기업인 AB 인베브가 OB를 인수하겠다고 나섰다. 이때부터 M&A를 향한 관심이 조금씩 싹트기 시작했다.

다음으로 진행한 프로젝트는 대우조선 딜이었다. 정부가 대우조선에 투입한 공적 자금 회수를 위해서 매각을 진행했던 것이다. 1998~99년 당시는 우리나라의 조선업이 전 세계 최고가 되기 전이었다. 수주를 받아 배를 만들긴 했지만, 엔지니어들은 설계 능력이 부족했고 기술력도 유럽과 일본을 따라가지 못했다. 이런 약점을 안은 채로 우리는 대우조선을 싱가포르 기업 켑펠에 매각하고자 작업에 착수했다.

우선 재정 계획을 세우고 대우조선의 경쟁력을 분석하는 자료를 만들어야 했다. 근면하고 성실한 엔지니어들의 장점을 부각시키는 한편, 이들이 설계 능력만 보완하면 원가 경쟁력을 갖추면서도 세계 최고의 선박을 건조할 수 있을 것이라고 어필했다.

이때 처음으로 글로벌 비즈니스에 눈을 떴다. 조선업을 공부하는 것이 너무나 즐거웠다. 전 세계를 상대로 배를 팔고, 세계에 흩어져 있는 클라이언트와 선주 들을 상대로 배의 수요를 예측하고, 그에 맞게 발주를 넣는 작업이 마냥 신기했다. 대우조선 선박 전문가의 도움을 받아 전 세계 선종별 수요를 예측하고 조선업에 대해 공부하느라 밤을 꼬박 새우기 일쑤였지만, 힘든 줄도 몰랐다.

아쉽게도 당시 아시아의 경제 위기가 총체적이었던 탓에 대우조선을 매수할 만한 글로벌 조선 회사가 나타나지 않았고 딜은 성사되지 못했다. 그러나 이 무렵부터 10여 년이 넘도록 우리나라의 조선업이 성장을 거듭하며 황금기를 누리는 것을 얼마나 뿌듯하게 지켜봤는지 모른다. 또한 이 프로젝트를 계기로 나는 내가 나아가야 할 길이 어느 방향인지를 조금씩 선명하게 깨달을 수 있었다.

M&A에서 적성을 찾다

만약 IMF가 아니었다면, 나는 첫 직장에서 컨설팅 위주로 일을 배웠을 것이다. 그런데 생각지도 못한 상황이 펼쳐지면서 M&A에 관해 배울 수 있었다. 그 타이밍에 맥킨지에서 근무하고 있었기에 가능한 일이었다. 여러 겹의 우연이 동시에 맞아떨어지지 않았다면 잘 알지도 못하는 분야의 일을 어떻게 해볼 수 있었을까?

사실 나는 이때까지도 입사 직후 겪었던 불미스러운 일로 인한 충격에서 벗어나지 못한 상태였다.

'회사를 그만둬야 해결이 되는 걸까?'

이런 고민까지 했을 정도다. 그만두면 어디로 가야 하는 걸까? 이런 일이 벌어지지 않을 곳, 그러면서 여자가 성공할 수 있는 곳. 당시 우리나라에서 성공한 여자는 대체로 마케팅 전문가, 홍보 전문가였다.

'한국에서 커리어우먼으로 성공하려면 나도 그쪽으로 가야 하나? 그게 확실하고 검증된 길인가?'

머리가 복잡했지만, 생각을 정리해보니 확실한 건 두 가지였다. 첫째, 나는 마케팅보다는 M&A를 좀 더 배워보고 싶었다. 그러려면 준비가 필요했고, 당장 그만두는 건 답이 아니었다. 둘째, 떠올리기도 끔찍한 그 일 때문에 그만두고 싶지 않았다. 죽어도 지기 싫다는 오기가 나를 붙잡았던 것이다. 그 일 때문에 내가 회사를 그만둔다고 해서 아무도 나를 욕하지는 않을 테지만, 아무리 생각해도 내가 잘못하지 않은 일로 인해 회사를 그만둔다는 건 옳지 않았다. 또 두려움과 억울함, 불안감이 뒤섞인 복잡한 감정을 떨치기 위해 회사를 그만두는 것 또한 좋은 방법이 아닌 것 같았다. 그건 그냥 궁여지책밖에 되지 않을 테니까.

나는 좀 더 버텨보기로 했다. 나 자신을 단련시켜보자고 다짐하고 이를 악물었다. 그래서 3년을 꾹 참았다. 프로젝트 매니저가 되기까지 필요한 시간이 3년이니, 일단 그때까지만 견디기로 한 것이다.

견디는 마음으로 회사를 다니는 것은 쉬운 일이 아니었다. 그런데 M&A를 경험하면서, 늘 위축된 채로 흐렸던 마음이 다시 맑게 개는 것 같았다. 훌륭한 클라이언트들, 각 분야의 전문가들과 일을 하면서 프로젝트에 몰입하기 시작하자, 점점 어두웠던 기억에서 벗어나 다시금 가슴 한편이 설레고 흥분되는 것을 느꼈다.

M&A는 내 적성에 꼭 들어맞았다. M&A와 관련된 일을 하나하나 배워가다 보니, 문제를 조사하고 답을 제시하는 것에서 끝나는 컨설팅이 나와 잘 맞지 않는다는 것을 알게 됐다. 나는 문제가 발생하면 가설을 세워 증명해내거나 그것이 안 될 때는 가설을 다시 세우거나 하는 식의 사고에 길들여져 있었다. 그런데 컨설팅은 실질적인 문제 해결에 집중하기보다 형식적인 부분에 치우칠 때가 많았고, 회의도 필요 이

상으로 잦고 길었다. 반면 M&A를 진행할 때는 탁상공론도, 장황한 회의도 없었다. 한 회사의 가치를 분석하고 재무 계획을 짜고 가설을 세우는 과정에서 업계와 회사에 대해 공부해야 할 것이 넘쳐났다. M&A는 기업의 운명이 걸린 중요한 일이므로 매출과 영업에 대한 가설을 잘 세우고 경영에 필요한 모든 앵글을 알아야 한다. 한마디로, 회사를 통으로 분석해야만 하는 일인 것. 자연히 높은 수준의 지적 호기심을 자극할 수밖에 없었다.

결정적으로, M&A는 컨설팅과 비교할 수 없을 만큼 속도감이 있고 다이내믹했다. 딜이 깨질 만한 이슈가 생기면 치열하게 풀어내고 그 산을 넘어야 딜이 진행되기 때문에, 어물거릴 시간이 없었다. 딜마다 이슈가 다 다르고 각각의 딜에서 해결해야 할 문제도 다르다는 점 또한 매력적이었다. 내 성향과 적성에 꼭 맞는 일을 찾은 느낌이었다. 나는 내가 이 일을 누구보다 잘 해낼 수 있을 것이란 예감이 들었다.

물론 중간에 딜이 깨지기라도 하면 어떤 결과도 얻지 못한다. 하지만 그렇게 깨진 딜조차 나름대로 도움이 되고, 성장의 자산이 된다. M&A는 책을 가지고선 절대 배울 수 없는 분야이므로, 일을 최대한 많이 해보고 시행착오를 겪어보면서 배울 수밖에 없다. 너무나 많은 변수가 기다리고 있어서 도전 욕구를 자극하는 만큼 안정성과는 거리가 먼 일이기도 하다.

MBA 출신도 아니고 경영학도 잘 모르던 내가 이 일이 무섭지 않았다고 하면 거짓말일 것이다. 이 일을 제대로 해내지 못했을 때 발생하게 될 손실을 생각하면 겁이 나기도 했다. 하지만 무수한 가설을 세우고 하나하나 증명하는 과정을 거치며, 나는 점차 자신감을 얻을 수 있었다. 언제나 그렇듯 완벽을 추구하며 치열하게 분석했기에, 답을 도출해내고 나면 이 답이 옳다는 확신이 있었다.

글로벌 마인드에 눈뜨다

여러 가지 면에서 나에게 큰 의미가 있었던 대우조선 프로젝트는 다음 커리어와 연결될 지점까지 찾아주었다. 그 시작은 몇몇 동료들이었다.

대우조선 프로젝트를 함께 진행했던 애널리스트 중에는 홍콩 골드만삭스에서 일하다가 홍콩 맥킨지로 넘어온 후, 이번 프로젝트에 투입된 홍콩인 여성 동료 크리스털이 있었다. 그녀는 일을 하는 과정에서 아주 명쾌하고 확실하게 자신의 의견을 이야기했고, 그것이 나로서는 무척 신선하게 느껴졌다. 그때까지만 해도 아직 한국 문화에 젖어 있던 나는 내의견을 확신에 차서 이야기하는 데 다소나마 거부감이 있었다. 어쩌면 여성인 내가 너무 확신에 차 있는 것이, 겸손하지 못하다는 부정적인 인상을 줄까 봐 주저했던 것인지도 모르겠다. 우리나라에서는 적극적인 여성을 두고 "너무 나댄다"고 비아냥대는 경우가 종종 있지 않은가. 그런데 일말의 주저함도 없는 그녀를 보면서 정말 멋지다고 느꼈다.

'어쩜 저렇게 자신감 넘치고 당당할까. 나랑 같은 맥킨지 사람인데…. 홍콩인이라서 그런가? 아니면 저 모습이 골드만 스타일일까?'

그녀에 대한 동경과 호감은 자연스럽게 골드만삭스를 향한 관심으로 이어졌다.

또 한 명의 남성 동료, 조나단도 중요한 고리였다. 그는 상하이 맥킨지에서 파견 나온 백인이었고 그의 아내는 한국인이었는데, 대우조선 프로젝트가 끝나자 우리 팀원들을 모두 상하이로 초대했다. 상하이 와이탄의, 당시 한국에서는 흔치 않았던 고급 프렌치 레스토랑에서 식사를 하면서 '중국에도 이런 곳이 있구나' 하고 놀랐던 기억이 생생하다. 그도 그럴 것이, 그 무렵 상하이는 광활하고 고풍스러운 면을 간직한 채 아직 개발이 안 된 상태였다. 그런데도 그런 이국적인 레스토랑이 종종 눈에 띄었다. 이미 앞서가는 사람들이 있다는 증거였다.

이와 정반대되는 모습도 보았다. 한번은 상하이로 출장을 가서 호텔로 돌아가는 길에 비를 만났는데 우산이 없었다. 겨우 다섯 시가 됐을 뿐인데 상점이 문을 닫기 시작했다. 어떻게 해야 할지 몰라 안절부절못하던 그때였다.

대로를 따라 한 무리의 자전거 대열이 맹렬하게 달려오고 있었다. 비가 오자 그들도 마음이 다급해져서인지 속도도 빨랐고 무리의 숫자도 점점 불어났다. 그야말로 장관 중의 장관이었다. 나는 우산을 구해야겠다는 생각도 잊고 멍하니 그 무리를 바라보았다. 역시 중국은 스케일이 달랐다.

그런데 가만히 생각해보니 무언가 이상했다. 차가 거의 보이지 않는 거였다. 나는 머리를 한 대 얻어맞은 것 같았다.

세상은 너무나 넓고, 기회는 도처에 널려 있다. 그리고 누군가는 이 기회를 잡고 있다. 물론 남아 있는 기회도 무궁무진하다.

나는 아이러니하게도 상하이의 프렌치 레스토랑과 거대한

무리의 자전거 행렬을 보며 이런 깨달음을 얻었다. 그러면서 이제 우리나라에만 머물러 있으면 안 되겠다는 생각을 했다. 마침 그 당시 나는 한국 문화 속에서 일하고 한국인 클라이언트만 만나며, 조금씩 답답함과 갈증이 커지고 있던 차였다.

'외국으로 나가야 해. 나가서 더 많은 경험을 쌓고, 새로운 기회를 찾아야 해.'

기왕 외국에 갈 거라면 글로벌 금융의 중심인 뉴욕이나 홍콩에 가고 싶었다. 꿈 같은 이야기였지만, 나는 다짐을 현실로 만들었다. 그로부터 머지 않아 뉴욕에서 한 달을 보내고, 홍콩으로 가게 된 것이다.

2장

컨설턴트에서 M&A 전문가로

프로액티브하게 일하라

주당 140시간의 타임시트

내가 디시전 메이커다

소심한 여자의 라포르 만들기

골드만삭스 입사(2000)
9·11 테러(2001)
닷컴 버블 붕괴(2002)
홍콩 사스(2003)

프로들의 집합소,
골드만삭스

컨설턴트에서
M&A 전문가로

"네가 우리 회사의 은행 부분을 책임지는 주식 분석가equity research analyst로 와줬으면 해."

맥킨지 이후 어디에서 커리어를 쌓을지 한창 고민하던 시기에, 대학원 시절 친구였던 스티븐 라이스트가 연락을 해왔다. 그는 모건스탠리 일본 지사에서 부사장으로 일하다가 얼마 전 투자은행인 살로몬 브라더스의 홍콩 지사로 왔다고 했다.

나는 당장 홍콩행 비행기를 탔다. 그리고 한자리에서 무려 살로몬 사람 12명과 일대일 인터뷰를 진행했다. 이후 살로몬은 고작 맥킨지 컨설턴트 2년 차인 내게 50만 달러라는 어마어마한 연봉을 제시했다. 당시 살로몬은 월스트리트에서도 주식 분야 최강자였다. 나의 짧은 경력으로 받을 수 있는 최고의 연봉, 금융계로 이직할 수 있는 절호의 기회, 그것도 가장 잘나가는 투자은행의 가장 잘나가는 분야 리서치 애널리스트라는 자리.

합리적으로 따지면 제안을 받아들이는 것이 맞는데, 이상하게 내키지 않았다. M&A 분야로 가고 싶다는 생각을 떨칠 수가 없었다. 나는 스티븐에게 내 생각을 말하고 살로몬의 제안을 거절했다. 그리고 내가 M&A 업계로 가는 데 도움이 될 만한 사람을 소개시켜달라고 부탁했다. 그러자 스티븐은 핏 브리거의 연락처를 건네주었다.

업계의 전설을 만나다

핏 브리거. 그는 일본 골드만삭스의 ASSG Asia Special Situations Group 총책임자로서 부실채권 투자 및 도산 기업의 딜을 담당하는 부서를 총괄하는 인물이었다. 30대 초반의 얼마 안 되는 나이에도 그 당시 이미 조 단위의 돈을 벌어들이는 사람, 투자 업계에서는 그를 살아 있는 전설이라 불렀다.

스티븐에게 그를 소개받은 뒤, 나는 곧장 일본으로 날아갔다. 핏 브리거의 으리으리한 사무실에 들어선 순간, 내 머릿속에 떠오른 첫 번째 생각은 이것이었다.

'아, 여긴 전쟁터구나.'

잔뜩 긴장된 분위기 속에, 소리 없는 총성이 빗발치는 것 같은 착각이 들었다. 마른 침을 꿀꺽 삼키고 그를 바라보니, 그는 등받이 의자에 앉아 몸을 한껏 젖힌 채 나를 쳐다보고 있었다. 자세와 표정에서 거만함이 잔뜩 묻어났다. 나를 귀찮아하는 건지 무시하는 건지 당최 알 수가 없었다.

그의 눈빛에 담긴 감정을 읽으려고 애썼다.

'왜 나를 만나준 걸까? 나에게 무엇을 바라는 걸까?'

그도 그럴 것이 그에게는 시간이 돈이다. 그에게 5분은 몇천억 원을 좌지우지할 수 있는 시간이다. 그가 진행하는 딜 한 건에 수조 원의 돈이 왔다 갔다 한다. 그런 부류의 사람들은 무가치한 일에 자신의 시간을 투자하는 법이 없다. 이 방을 나갈 때는 그를 무조건 내 편으로 만들어놔야 했다.

"맥킨지 컨설턴트라고요? 한국인이고요?"

이윽고 핏 브리거가 내게 첫마디를 던졌다.

그는 아마도 이런 말을 하고 싶었을 것이다.

'너 컨설턴트잖아. 컨설팅과 M&A는 완전히 다른 일이야.

맥킨지 출신이 감히 어딜. 네가 이 일을 할 수 있다고? 그럼 증명해봐.'

나는 나에 대해 말하기 시작했다. 정확히는 그가 듣고 싶어 하는 내 이야기를 들려주려고 애썼다. 내가 맥킨지에서 했던 프로젝트들이 M&A와 어떤 관련성이 있는지, 그 프로젝트를 통해 얼마나 성과를 냈는지.

맥킨지에서 M&A 프로젝트를 할 때 나는 변호사들과 작업하는 것이 좋았다. 수백 페이지짜리 계약서를 한 줄 한 줄 확인해가며 계약 상의 리스크를 예상하고 위험 요소를 제거하는 일이 적성에 잘 맞았다. 일이 마무리되었을 때 느끼는 만족감도 다른 프로젝트 때와 비교할 수 없을 만큼 더 컸다.

나는 언어학 중에서도 구조론을 공부한 것이 스스로를 논리적으로 훈련시키는 데 어떤 영향을 미쳤는지, 자료를 수집하고 분석하는 일이 내가 가진 문제 해결 능력을 어떻게 향상시켰는지, 다이내믹한 것을 좋아하는 나의 성향과 문제를 깊이 파고드는 습관이 M&A의 어떤 특징과 맞아떨어지는지 이야기했다.

내가 이야기하는 동안 그는 등받이에 기대고 있던 몸을 조금씩 일으켰다. 이야기가 끝날 무렵엔 테이블에 양손을 올려놓고 몸을 세운 채 똑바로 앉아 있었다. 달라진 것은 자세만이 아니었다. 어느새 그의 얼굴에서는 귀찮아하는 기색이 사라지고 진지한 표정이 나타났다. 그렇게 그는 1시간이나 내 이야기를 들어주었고, 몇 가지 조언도 해주었다. 그의 태도가 달라진 이유는 아마도 열정에 찬 내 모습에서 자신의 주니어 시절을 봤고 도움을 주고 싶었기 때문일 것이다.

그는 내가 일본으로 오지 않기를 바란다고 했다. 만약 일본으로 온다면 자신이 도와줄 수는 있을 테지만, 일본의 배타성이 나를 힘들게 할 것이며 내가 기업 금융 전문가^{investment banker}로 성장하는 데 도움이 되지 않을 것이라고 했다. 대신 그는 내게 홍콩의 규모가 큰 부서로 갈 것을 권했다. 그러면서 한국 골드만삭스의 한국계 미국인 MD^{Managing Director}와 홍콩 골드만삭스의 IBD^{Investment Banking Division} MD를 소개해주었다.

헤어지기 전 그는 처음과 달리 활짝 웃으며 내게 악수를 청했다. 나도 웃으면서 그의 손을 잡았다.

무작정 찾아간 월스트리트

핏 브리거를 만난 후, 컨설팅에서 M&A로 내가 몸담은 생

태계를 바꾸려면 더 많은 준비가 필요하다는 사실을 깨달았
다. 그래서 컨설팅 업계에서 금융 업계로 넘어간 사람의 사
례를 찾았다. 다행히 몇몇 이들을 찾을 수 있었지만, 그들은
대체로 곧바로 이직을 한 것이 아니라 맥킨지를 퇴사한 후
비즈니스 스쿨을 거쳐 업종 변환에 성공한 케이스였다.

'비즈니스 스쿨을 거치지 않고, 곧바로 여기서 저기로 건
너가려는 사람은 내가 처음인 걸까?'

나는 인터넷과 맥킨지 출신들의 주소록을 뒤져 월스트리
트에 있는 사람들, 업계 사정을 잘 알고 있으면서 나에게 조
언을 해줄 것 같은 사람들 수십 명에게 이메일을 보냈다. 답
장을 해준 사람은 거의 없었지만, 이대로 포기할 수 없다는
생각에 나는 2주간 휴가를 낸 뒤 월스트리트로 갔다.

뉴욕에 도착한 나는 친구의 집에 머무르며 수십 명의 사
람들에게 이메일과 전화로 내가 어떤 사람인지 소개하면서,
잠깐 만나 조언을 듣고 싶으니 시간을 내달라고 간청했다.
그렇게 몇몇 사람들과 겨우 약속을 잡을 수 있었다.

"이런 메일을 보내는 사람은 처음 봤어요. 어떤 사람인지
호기심에 만나자고 했어요."

얼굴도 모르는 사람이 무작정 만나자고 하니, 대부분의 사
람들은 당황하거나 귀찮아하며 나를 무시하기 일쑤였다. 그

런데 간혹 상냥하고 친절한 이들이 있었다. 그들은 일부러 시간을 내어 내가 듣고 싶어 하는 월스트리트 내부의 깊숙한 이야기를 가감 없이 들려주었다.

그때 내가 만난 사람들은 M&A 전문가들만이 아니었다. 투자은행 안에는 내가 관심을 가진 M&A 외에도 주식, 채권, 자산 운용 등 다양한 부서가 있었다. 나는 그쪽 부서에서 일하는 사람들에게도 만남을 청하고 그들이 하는 이야기에 귀를 기울였다. 내가 아는 것보다는 모르는 것이 더 많다는 생각, 지금은 이것을 잡고 싶지만 나중에 다른 것에 눈이 뜨이면 그것을 잡을 수도 있다는 생각을 하면서, 모든 가능성을 열어두고 유연하게 움직였다.

2주간 만날 수 있는 모든 사람들을 다 만난 뒤, 나는 다시 한국행 비행기를 탔다. 비행기 창밖으로 차츰차츰 멀어지는 뉴욕을, 맨해튼을 내려다보는데 말로 다 표현할 수 없을 만큼 설레고 뿌듯했다. 불과 2주 사이 나는 내부자들만이 알 수 있는 업계 정보, 그들의 세계를 움직이는 시스템의 원리 등 이전과는 비교도 할 수 없을 만큼 많은 것을 알게 되었다. 또 내가 꿈꾸는 세계에 속한 이들이 어떤 사람인지 파악했으며 그들의 프로페셔널한 모습을 일부라도 살펴볼 수 있었다.

금융 허브에서 시작된 도전

M&A라는 목표를 설정하고 길을 만들기 위해 갖은 노력을 기울인 지 1년이 넘어갈 무렵, 이제 진짜 꿈을 실행에 옮길 때가 왔다는 생각이 들었다. 나는 본격적으로 일자리를 구하기 위해 맥킨지에 휴가를 내고 홍콩으로 건너갔다.

홍콩의 센트럴 가는 당대 최고의 투자사들이 모인 아시아 금융의 허브였다. 당시는 골드만삭스, 모건스탠리, JP 모건, 크레딧 스위스, UBS 등 유명 회사들이 아시아로 시장을 확장하기 위해 홍콩에 지사를 설립하던 초창기였다. 나는 아시아의 메가톤급 M&A가 홍콩에서 시작되고 있다는 데 주목했다.

맥킨지에서 일하는 3년 내내 나는 여행도, 쇼핑도 하지 못했다. 덕분에 월급은 고스란히 통장에서 잠자고 있었다. 나는 그 돈으로 홍콩의 그랜드 하얏트 호텔에 객실을 예약했고, 프로페셔널한 커리어우먼의 상징이라 여겼던 브라운 컬러의 가죽 서류 가방과 짙은 색 슈트를 샀다.

그다음부터는 완전히 맨땅에 헤딩이었다. 상위 15위 안에 드는 모든 금융사의 대표 이메일 주소로 이메일을 보내 나를 소개하고 호텔 이름과 전화번호를 남겼다. 연락처를 남긴

곳은 수십 곳이었지만, 연락을 해주는 사람은 극소수였다. 그래도 한 사람을 만나면 그 사람에게 다른 사람을 소개받고, 다른 사람을 만나면 또 다른 사람을 소개받는 식으로 매일 사람들을 만날 수 있었다.

그 과정에서 나는 뉴욕에 본부를 두고 있으며 당시 아시아 진출을 위해 홍콩에 사무실을 준비 중이던 글로벌 투자은행 도날드슨 러프킨 앤 젠레트DLJ에 입사가 확정되는 단계에 이르렀다. 그토록 바라던 골드만은 아니었지만, DLJ 또한 월스트리트에서 알아주는 회사였으니 더 바랄 나위가 없었다. 서면 계약서를 쓰기 전 구두 약속이 된 상태에서 모든 일은 빠르게 진행되었다.

그런데 기쁨도 잠시, 당장이라도 출근하라고 할 것 같던 DLJ 측은 그 후로 연락이 없었다.

"죄송하지만 없던 일로 해야겠어요."

며칠 만에 전화로 듣게 된 담당자의 첫마디는 머리가 멍해질 만큼 충격적이었다. 너무나도 황당한 나머지 나는 잠시 말문이 막혔다가 겨우 그 이유를 물었다.

"그건 말해줄 수 없어요. 며칠 지나면 알게 될 거예요. 어쨌든 정말 미안해요."

담당자의 말처럼 나는 2주 후 〈파이낸셜 타임스Financial

Times〉를 보다가 왜 DLJ가 채용을 취소했는지 그 이유를 알게 되었다. 스위스계 톱 글로벌 투자은행인 크레딧 스위스가 12조 3,000억 원에 DLJ를 인수하기로 합의했다는 것이다. 담당자는 합병이 주가에 미칠 영향 때문에 공식 발표 이전에는 비밀을 지킬 수밖에 없었다고 했다.

다시, 홍콩 센트럴 가에 서서

코앞까지 다가왔던 기회는 날아갔고 나는 실망감에 기운이 빠져 있었다. 또다시 일면식도 없는 이들에게 나를 소개하는 메일을 쓸 생각을 하니 한숨부터 터져 나왔다. 나는 망연자실한 상태로 홍콩 센트럴의 퀸스 로드를 터덜터덜 걸었다. 그렇게 한 고층 건물 앞을 지나는데 웬 남자가 나를 보고 아는 체를 했다.

"은영 아니에요?"

"아, 안녕하세요?"

내게 인사를 건넨 이는 내가 홍콩에 온 지 얼마 되지 않았을 때 DLJ 인터뷰 자리에서 만났던 면접관이었다.

"일은 잘 되고 있어요?"

"사실은 DLJ랑 거의 이야기가 다 된 상태였는데, 아시다시
피 거긴 이제….."

"아, 그럼 지금 시간 돼요? 저 골드만삭스로 옮겼어요. 우
리 사무실에 좀 올라갑시다."

그는 첫 만남에서 나를 무척 좋게 보았다며 나와 함께 일
하고 싶다고 했다. 다만 혼자서는 채용을 결정할 수 없으니
지금 당장 골드만 사람들을 만나자는 것이었다. M&A는 일
의 특성상 팀을 짜서 프로젝트를 진행하기 때문에 누군가를
채용하기 위해서는 팀원 각각의 인터뷰를 거쳐 동의를 받은
뒤, 보스가 최종 결정하는 게 일반적이었다.

프로젝트 때문에 출장 중인 직원들을 제외하고, 그날 나는
골드만삭스 IBD 사무실에 있는 모든 사람들과 인터뷰를 했
다. 인터뷰 결과가 좋았는지 며칠 후엔 인사 부서의 담당자
도 만날 수 있었다.

힘겨웠던 구직 활동을 마치고, 다시 우리나라로 돌아온 지
얼마 되지 않았을 때, 나는 골드만삭스로부터 편지 한 통을
받았다. 연봉, 보너스, 홍콩에서 살 집, 이사 비용, 초기 정착
비용 등이 자세하게 적힌, 꿈에 그리던 '잡 오퍼 레터^{job offer}
^{letter}'였다.

'맨땅에 헤딩'의 진짜 의미

아무것도 갖춰지지 않은 상태에서 어떤 일을 무작정 시도하는 행위를 일컬어 흔히 '맨땅에 헤딩'이라고 표현한다. 그런데 실제로 맨땅에 헤딩을 하면 어떻게 될까? 머리가 깨질 것이다. 아무것도 없는 상태에서 도전을 감행하는 일은 이렇듯 머리가 깨지고, 마음이 깨지는 일이다.

머리가 깨진다는 것은 '앎'의 문제다. 내가 뉴욕의 월스트리트로, 홍콩의 센트럴 가로 찾아간 것은 사람을 만나 정보를 얻기 위해서였다. 다시 말해 내 목적은 그 세계를 '아는' 것이었다.

책상 앞에 앉아 책이나 컴퓨터로 얻을 수 있는 정보에는 한계가 있다. 모든 사람이 알고 있는 정보는 진정한 의미에서의 정보가 아니다. 내부 정보는 그 세계에 소속된 사람들만이 공유하는 것이고, 따라서 그 사람들을 직접 만나는 것은 앎의 문제에서 무엇보다 중요하다. 전화나 이메일로 나를 알리는 것 또한 한계가 있기는 마찬가지다.

사람을 실제로 만나는 것이 중요하다는 데 대해서는 누구나 공감하겠지만, 막상 실행에 옮기려면 쉬운 일이 아니다. 나를 만나주리라는 확신조차 없이 장거리 비행까지 해야 한다면? 상대가 내 전화와 이메일을 무시한 채 아예 만나주지 않는다면? 어렵게 만났어도 차갑고 냉정하게 대한다면? 그래도 몸으로 부딪쳐야 한다.

"저 한국에 있는데, 미국에 가면 만나주실 수 있어요?"라는 말과 "저 지금 월스트리트의 당신 사무실 근처에 있는데, 시간 좀 내주시겠어요?"라는 말은 상대에게 완전히 다른 무게로 다가온다.

거절당하고 무시당할 위험을 감수하는 것은 누구에게나 힘들고 자존심 상하는 일이지만, 그럼에도 필요하다면 해야 한다. 절실하다면 해야 한다. 저 곳에서 일하고 싶다면, 저 사람들이 속한 세계로 진입하고 싶다면, 해야 한다.

한편 마음이 깨진다는 것은 '깨달음'의 문제다. 앎과 깨달음은 다르다. 앎이 몰랐던 것에 새롭게 눈 뜨게 되는 것이라면 깨달음은 이미 알고 있던 것을 재확인하는 것이다.

맨땅에 헤딩을 하면서 내가 깨달은 것은 '내가 이 일을 얼마나 간절히 원하는가'란 질문에 대한 스스로의 대답이었다. 반짝이는 것을 보았다면, 그래서 그리로 갈 길을 내기로 결심했다면, 두려워하지 말아야 한다. 몸으로 부딪쳐서 머리와 마음이 깨지는 것, 이것이 '맨땅에 헤딩'이라는 흔한 관용구가 가진 진짜 의미다.

머리가 깨지고 마음이 깨지는 것이 고통스러운 일만은 아
니다. 열정은 앎과 깨달음이 함께할 때 비로소 견고해지는
법이니까.

프로액티브하게
일하라

　　지금도 골드만삭스에서 나에게 내려졌던 첫 임무가 생생하게 기억난다.

　　"은영, 이거 좀 정리해줘."

　　싱가포르인 선배 씬이 방대한 양의 서류뭉치를 내려놓으면서 말했다. 그런데 제일 중요한 말, 즉 어떤 방식으로 정리하라는 지시가 없었다. 고민 끝에 나 나름대로 딜 협상에 중요한 포인트를 뽑아내고, 그 포인트에 따라서 표를 작성했다. 언어학을 전공하던 때부터 몸에 밴 습관과 맥킨지에서 익혔던 업무 방식 덕분인지 그리 어렵진 않았다.

　　"벌써 다했어?"

단시간에 해냈지만 꼼꼼하게, 최선을 다했다. 내가 봐도 만족스러웠다. 서류를 검토한 선배 역시 놀란 표정으로 나를 봤다.

"너무너무 잘했네."

선배는 많은 사람들 앞에서 큰 소리로 나를 칭찬해주었다. 그러자 회사에는 내가 일을 깔끔하게 잘하더라는 소문이 돌았다. 소문에 힘입어 내게는 훨씬 더 중요하고 어려운 일이 주어졌다. 나는 조금 우쭐해졌다.

'이런 식으로만 하면 점점 중요한 일을 맡게 되는 건 시간문제겠지?'

하지만 그건 나의 순진한 착각이었다.

골드만삭스, 그들이 일하는 법

얼마 지나지 않아, 나는 홍콩 지하철 회사와 기차 회사를 합병하는 프로젝트에 투입됐다. 이 프로젝트의 MD는 셜리 펑이었다. MD는 한 프로젝트를 진두지휘하는 팀의 리더를 의미한다. 이제 30대에 불과한 그녀는 MD 중에서도 회사 주식을 받을 수 있는 자격을 가진, 매우 높은 직급의 '파트너' MD였다.

한번은 중요도가 높지 않은 클라이언트 미팅이 있었다. 클라이언트들을 상대로 현재 딜이 어떻게 진행되고 있으며, 앞으로 어떻게 진행할 것인지 브리핑하는 정도의 자리였다.

보통 이런 미팅에 사용하는 자료는 주니어 애널리스트들이 만들게 마련이다. 이들은 데이터를 체크하고 예측된 숫자를 적용해보는(우리는 흔히 '모델을 돌린다'고 표현하는 일이다), 아주 기초적인 업무를 맡는다. 일반적으로 MD는 주니어들이 만든 자료를 받아서 최종 프레젠테이션을 진행하는 역할을 맡는다. 그러나 셜리 펑은 달랐다.

미팅이 다가오자 그녀의 넓은 사무실이 주인 없이 텅 비었다. 셜리 펑이 말단 애널리스트의 작은 책상 옆에 쪼그리고 앉아서 업무를 지시하느라 바빴기 때문이다.

"이건 이렇게, 저건 저렇게 되니까 숫자가 어떻게 나올지 돌려봐. 이건 왜 이렇게 되는 거지? 아, 2퍼센트 올라가면 가격이 어떻게 돼?"

자료 준비가 끝나자 그녀는 프레젠테이션 연습에 돌입했다.

외부 컨설팅 업체와 협업을 하여 딜을 진행할 때도 셜리 펑은 이 방식을 적용했다. 컨설턴트가 알려준 내용, 도출된 숫자를 그대로 쓰는 법이 없었다. 서류에 적힌 내용을 완벽하게 이해하기 위해 그녀는 하나부터 열까지 모든 사항을 꼼꼼하게 파악했다. '컨설턴트가 어련히 알아서 잘 했겠지'라고 생각하지 않았다. 자신이 진행하는 일은 완벽하게 자기 것으로 만들었다.

심지어 회사 내부에 법무팀이 있었지만 그녀는 한 번도 변호사가 가져온 계약서를 그대로 사용하는 일이 없었다. 변호사를 앉혀놓고 수백 장짜리 계약서를 하나하나 따져가며 위험 요소를 제거하고 추가 내용을 빨간 펜으로 적어넣었다. 변호사가 말해준 내용을 앵무새처럼 반복하거나, 법률 전문가의 설명을 일방적으로 듣는 것은 결코 있을 수 없는 일이었다.

클라이언트 미팅에서의 프레젠테이션은 완벽했다. 그녀는 심지어 자료도 보지 않고 숫자 하나까지, 모든 내용을 다 외워서 소화했다. 그렇게 중요한 미팅도 아닌데, 이 모든 과정을 빈틈없이 해내는 모습에 놀라지 않을 수 없었다. 프로페셔널하게 일한다는 게 무엇인지 뼈저리게 느꼈다.

놀라운 것은 이것만이 아니었다. 미팅을 마치고 걸어 나오면서 셜리 펑은 미국 본사에서 나온 자신의 상사에게 딱 두 가지 질문을 던졌다.

"제 발표가 어땠나요?"

"제가 뭘 더 개선해야 할까요?"

그녀가 이런 질문을 던진 데는 몇 가지 목적이 있었을 것이다. 먼저, 자신이 얼마나 일을 잘하는지 보여주고 싶었을 것이고, 다음으로 자기보다 경험 많은 이로부터 개선해야 할 점을 지적받고 싶었을 것이다. 부족한 점을 보완하기 위해서는 믿을 만한 사람의 객관적인 평가가 중요하니까. 마지막으로, 이런 대화를 나누면서 '내가 상사인 당신을 믿고 있다'는 신호를 보내고 싶었으리라.

'프로액티브 proactive 하게 일하라!'

내가 골드만삭스에 다니며 가장 자주 들었던 말이다. 능동적으로 상황을 주도해가며 일하는 것. 셜리 펑은 이 말과 가장 잘 어울리는 사람이었다. 그녀는 마치 악마처럼 완벽하고 유능했다.

그런데 셜리 펑에게 받은 충격은 약과였다. 얼마 지나지 않아, 나는 골드만삭스에 수백 명의 셜리 펑이 일하고 있다는 사실을 뼈저리게 느낄 수 있었다. 골드만은 그야말로 일 잘

하는 사람들의 집합소 같았다. 왜 이 회사가 그 오랜 시간 동안 월스트리트에서 가장 잘나갈 수밖에 없었는지 알 것 같았다. 문득 내가 일을 잘한다고 자부했던 것이 부끄러워졌다.

나는 그들을 보면서 거듭 깨달았다.

'일은 이렇게 하는 거구나!'

'찾아서' '알아서' 일하기

흔히 '일을 찾아서 하라'고들 말한다. 경력과 경험이 짧은 청년들 입장에서는 이 말만큼 어려운 게 없다. 일에 대해 지식도 노하우도 부족한 상태에서 지시받지 않은 일을 '찾아낸' 다음 '알아서' 한다는 건 분명 쉬운 일이 아니다.

그러나 경험이 짧고 노하우가 없더라도 이 점은 반드시 기억해야 한다. 일을 할 때 '나의 업무가 어디까지인가?'라고 스스로에게 질문하는 단계를 건너뛰면 안 된다. 내가 하고 있는 일을 잘하기 위해서는 내 업무와 관련 있는 다른 사람의 업무까지 파악해야 한다. 혹은 다른 사람을 이끌어 나의 협력자로 만들어야 한다.

다른 담당자가 하는 일에 월권을 행사하라는 뜻이 아니다.

간섭하고 참견하는 형태가 아니더라도 동료의 업무에 리뷰를 해주거나 도움을 주면서 얼마든지 내 일과 연관된 업무를 함께 할 수 있다. 그러다 보면 자연히 사람을 얻는다. 내 일을 도와준다는데 싫어할 사람이 어디 있겠는가. 또 뒤에서 공부하고 노력하며 남의 것을 내 것으로 만들 수 있고, 일 잘하는 법도 배울 수 있다.

그런데 이렇게 일하는 사람이 많지 않다. 오히려 '난 열심히 잘 했는데, 저 사람이 잘 못 해서 결과가 좋지 않았다'라고 상황을 합리화하는 사람이 훨씬 많다. '열심히 했다'는 평가는 여러 가지 기준에 따라 도출된다. 나는 내 임무의 성공을 위해 다른 사람을 잘 이끄는 것도 노력의 한 부분이라고 생각한다.

"내가 왜 다른 사람의 일까지 해야 하죠? 그 공이 나한테 돌아오는 것도 아닌데."

이렇게 생각하는 이들에게는 관점을 바꿔보라고 말하고 싶다. 나에게 주어지지 않은 일까지 내 업무의 연장선상에 놓는 것을 손해가 아닌 기회로 보면 어떨까. 일을 하면 할수록 실력도 는다. 한 번이라도 해보면 그 일은 나의 자산이 된다. 뿐만 아니라 내 일이 많아질수록 나는 그 일에 없어서는 안 되는 더 중요한 사람이 된다. 또 그 위치에서 그 업무를 하고 있어야만 잡을 수 있는 기회가 분명 존재한다.

예를 들어, 건설업과 관련된 프로젝트를 할 때 전문가가 알려준 것을 받아쓰기만 한다면 어떻게 될까? 프로젝트가 끝나도 남는 것은 별로 없을 것이다. 반대로, 프로젝트를 진행하는 동안 건설 분야를 공부해 준전문가 수준의 지식을 갖추게 됐다면? 다음에 비슷한 프로젝트를 할 때 나는 상대에게 질문을 던질 수 있을 것이고, 한 발 더 나아가 상대와 토론을 할 수도 있을 것이다. 결과적으로, 일을 더 매끄럽게 진행할 수 있고, 성공적으로 완수하는 것이 더 수월해진다. 능력은 그렇게 축적되는 것이다.

물론 내 업무가 아닌 일을 하는 것이 처음에는 손해처럼 느껴질 수도 있다. 하지만 당장 눈앞의 손익보다 장기적인 관점에서 큰 그림을 그려보면 좋겠다. 일을 잘하는 사람이 일을 더 많이 하게 되는 것도 맞고, 똑같은 월급 받고 일을 더 해야 하는 상황이 힘든 것도 맞다. 하지만 일을 많이 하는 사람은 더 빨리 성장한다. 성장이 빠른 사람은 승진도 빠르고 나중에 선택할 수 있는 커리어도 더 많아진다. 당장 눈앞의 이익을 따지지 말고 모든 일에 정성을 다할 때 더 큰 이익이 나에게 온다는 점을 명심했으면 한다.

일의 경중 ≠ 나의 가치

똑똑한 신입들이 꼭 착각하는 게 있다. 아무리 창의성이 넘치고 유능한 신입이라 해도 고용주 눈에는 아직 일에 능숙하지 못한 사회 초년병일 뿐이라는 사실. 따라서 신입에게는 중요하지 않은 일을 시킬 수밖에 없다. 비중 있는 일을 맡지 못한 똑똑한 신입들은 자존심이 상해 당장 자리를 박차고 나오고 싶다는 충동을 느끼기 쉽다. 그런데 그게 정답일까? 당연히 아니다. 그래 봐야 다음 회사에서도 똑같은 상황이 반복되기 십상이다.

혹시 지금 당신에게 주어진 업무가 너무나도 보잘것없이 느껴지는가? 그렇다면 일의 경중과 스스로의 가치를 구분해야만 한다.

"내가 ○○ 대학을 나왔는데 매일같이 복사나 시켜?"

"내가 스펙이 얼마나 좋은데 완전 허드렛일만 시키잖아!"

"내가 고작 이런 일이나 하려고 몇백 대 일의 경쟁률을 뚫고 입사했나?"

이런 말을 하는 사람이라면 회사에 다니는 이유부터 다시 생각해보라. 우리가 회사에 다니는 이유가 무엇인가? 커리어를 쌓아 자아 성취를 이루고, 장기적인 안목으로 인생을 설계하기 위해서 아닐까? 그렇다면 '이깟 일'을 시킨다는 데 불만을 갖지 말자. 대신 '이깟 일'조차 엄청난 성의를 가지고 잘 해내는 사람이라는 사실을 증명해보자.

예를 들어, 문서를 복사해오라는 지시를 받았을 때 어떤 직원은 말 그대로 그냥 문서를 복사해 가져오기만 한다. 어떤 직원은 문서를 편하게 볼 수 있는 방법을 고민해 클립을 끼우고 파일에 넣어 가져온다. 다음에 더 중요한 업무를 누군가에게 맡겨야 할 때, 후자가 먼저 생각나는 것은 인지상정이다.

나의 가치를 결정하는 것은 지금 내가 하고 있는 일의 경중이 아니다. 스스로의 가치를 증명하려는 사람은 자신에게 주어진 사소한 업무를 수모와 모욕으로 받아들이지 않는다. 대신 그 업무로 할 수 있는 최고의 결과를 만들어낸다.

주당 140시간의
타임시트

　　　　　　　　골드만삭스의 오전 6시, 주식 부서의
동료들이 하나둘 회사로 들어왔다.

　"굿모닝."

　나는 출근하는 그들과 인사를 나눴다. 아침 6시. 그때가
나에게는 퇴근 시간이었다. 집에 가서 한숨 자고 쉴 수 있으
면 좋으련만, 어림없는 일이었다. 내가 그 시간에 잠깐 퇴근
해 집에 들르는 이유는 클라이언트 미팅을 위해 샤워를 하
고 옷을 갈아입고 화장을 하기 위해서였다.

　사무실을 나서기 전에 타임시트를 꺼냈다. 우리는 프로젝
트 코드와 그 프로젝트에 할애한 시간을 매주 타임시트에

기록했다. 그 무렵 나는 타임시트에 주당 140시간씩을 찍고
있었다.

실적으로 승부하는 세계

알려진 대로 금융 업계는 살벌한 곳이다. 이 업계는 지독
한 성과주의 체제로 돌아가고 완벽한 프로페셔널리즘을 요
구한다. 회사는 철저하게 간판을 관리한다. 회사의 간판이란,
다름 아닌 주식시장이다. 시장에서 매겨지는 숫자가 곧 회사
의 얼굴이자 가치다.

이런 업계에서 사측의 기대치를 충족시키지 못하는 부서
가 있다면? 안타깝지만, 그런 부서는 인정사정없이 공중분해
가 된다. 해체된 부서의 팀원들이 곧장 퇴사하는 것도 흔한
일이다. 웬만한 강심장이 아니고서야 살얼음판 위를 걷는 듯
한 일상을 버티기 어렵다. 업무량 또한 엄청나다. 하지만 그
막중한 부담을 견뎌낸 이에게는 후한 연봉과 보너스가 기다
린다. 성과와 실적이라는 숫자로 내 가치를 증명하면 그만큼
의 보상이 주어지는 곳, 그곳이 바로 금융 업계다.

내가 골드만삭스에서 일했던 2000년대 초반은 특별히 변

화무쌍한 시기였다. 인터넷이라는 놀라운 통신망이 대중화된 것이 가장 큰 이슈였다. 능력 있고 야망 있는 사람들은 너도나도 회사를 박차고 나가 인터넷 사업에 뛰어들었고, IT 기업들의 주가는 폭등했다. 인터넷 1세대 회사들은 당장 이익이 없는데도 성장 잠재력이 높다는 이유로, 회사 가치가 수십조 원에 이르렀다.

그러나 갑작스럽게 불어닥친 광풍은 역시 갑작스럽게 사그라들고 말았다. 2002년 미국에서 제일 큰 인터넷 사업자였던 AOL의 추락을 비롯하여 인터넷 회사들의 주가가 폭락했고 수많은 벤처 기업들이 파산했다. 이른바 2000년대 초반 전 세계 경제를 휩쓸었던 '닷컴 버블dot-com bubble' 붕괴였다.

닷컴 버블 붕괴에 직격탄을 맞은 것은 금융 업계도 마찬가지였다. 설상가상으로 2002년 11월 중국 광둥성에서 발생한 '사스SARS(중증 급성 호흡기 증후군)'가 홍콩을 덮치면서 전 세계가 비상 상황이 되고 말았다.

바로 그 시기, 골드만삭스 내부에는 긴장감이 맴돌았다. 하루가 멀다고 직원들이 회의실로 불려갔다. 회의실에 다녀온 사람은 말없이 짐을 챙겨 회사를 떠났다. 그들은 '소송하지 말 것' 등의 조항과 퇴직금 액수가 적혀 있는 계약서에

사인을 해야 했는데, 이는 실상 일방적인 해고 통보나 마찬가지였다.

동료들이 하나둘 그렇게 떠나가는 모습을 목격하면서, 우리는 누가 자기 이름만 불러도 벌벌 떨 수밖에 없었다. 다들 사형 집행일을 기다리는 죄수의 심정이었다.

내가 골드만삭스에서 보낸 3년은 그런 시기였다. 호황 끝에 닥친 위기 속에서 옆자리 동료들이 하나둘 사라지는 것을 지켜봐야 했고, 다음은 내 차례일지 모른다는 두려움에 시달렸던 때. 10명의 팀원 중 절반 이상이 해고를 당한 상황이었다. 남은 사람은 나와 내 부하직원 2명뿐. 회사 입장에서, 내 바로 위의 상사는 프로젝트의 책임자라 자를 수 없었고, 적은 임금과 높은 노동력을 가진 말단 직원들은 자를 필요가 없었던 것이다.

사람이 줄어든 만큼 자연히 내가 해야 할 일은 늘어났다. 나는 이보다 더 열심히 할 수 없을 만큼 일에 미치기로 했고, 결심대로 일을 해냈다. 언제부터인가 내 타임시트는 주당 140시간 아래로 내려가지 않았다. 쉬는 날도 없이 하루 20시간씩 일을 하다 보니, 밥 먹을 시간조차 없는 건 당연지사였다. 나는 업무를 보면서 배달된 음식으로 끼니를 때웠다. 그마저도 할 수 없을 만큼 바쁠 땐 자리까지 배달된 도시락이 그대로 캐비닛 위에서 식어 빠지기 일쑤였다.

그 와중에 일주일에 서너 번씩 해외 출장을 다녀와야 했다. 말 그대로 살인적인 스케줄이었다. 황금 같은 낮 시간을 비행기에서 보내는 것은 상상할 수도 없는 일. 그래서 '레드 아이red eye(밤 비행기를 타면 피곤해 눈이 충혈되는 데서 나온 말)'라 불리는 밤 비행기만 이용했다. 그나마 비행기에서 잠깐씩 눈을 붙이는 것을 위안으로 삼던 시절이었다.

내가 곧 브랜드가 된다는 것

사실 나는 그 시절 이야기를 하는 것을 별로 좋아하지 않는다. 나에게 이 이야기를 듣는 사람들은 전부 혀부터 끌끌 찬다.

"왜 그렇게까지 하고 살아?"

말도 안 되는 일이라는 것을 나도 안다. 돌이켜보면 '왜 그렇게까지 했을까. 지금의 나라면 절대 그렇게 할 수 없을 거야' 같은 생각도 조금은 든다. 내 능력을 자랑하고 싶었던 것도 아니었고(어수선한 시기라 자랑할 상대도 마땅치 않았다), 그곳에서 무조건 살아남고 싶었던 것만도 아니었다(열심히 한다고 안

잘리는 것도 아니었다). 그것은 어쩌면 맹목적이고 순수한 '일을 향한 갈망'에 가까웠다.

그때 그렇게 미칠 수 있었던 것은 내 눈앞에 M&A라고 하는 반짝이는 별이 있어서였다. 평생의 업이 될 만한 일을 겨우겨우 발견했는데, 그래서 그 일을 하기 위해 1년 이상을 열심히 준비해 간신히 좋은 자리를 찾았는데, 이제 이 일을 차근차근 배워나가면 된다고 생각했는데, 졸지에 그런 기회가 날아갈지도 모르는 상황이 된 것이다. 골드만 같은 업계 최고의 회사에서 나를 단련시키고 성장시킬 수 있는 날이 얼마 남지 않았다는 생각이 들자 나는 마음이 조급해졌다. 이 회사에서 배울 수 있는 것들을 모두 배우고, 훌쩍 성장한 다음 떠나고 싶었다.

3년이 지나 나는 동료들 가운데 거의 마지막으로 회사를 나왔다. 그 이상, 더는 할 수 없을 만큼 노력했기에 후회는 없었다. 실제로 골드만삭스에서 일했던 3년은 내가 프로페셔널 커리어우먼으로서 엄청난 성장을 이뤄낸 시간이었다. 나는 그렇게 쌓은 능력을 기반으로 그다음 커리어를 이어나갈 수 있었다.

청춘의 한때, 무언가 도전해보고 싶은 일이 생겼다면 열정을 갖고 어려움을 이겨내며 밀고 나가보라. 자신이 해보고자

하는 일에 한 번쯤 미쳐볼 필요가 있다는 말이다. 이러한 경험은 그 무엇보다 중요하다. 최선을 다해본 사람만이 가질 수 있는 긍지, 앞으로 어떤 일을 하더라도 잘 해낼 수 있으리라는 자신감, 일을 처리할 때 가져야 할 직관력과 통찰력을 어디서 얻을 수 있겠는가? 혹독하게 노력하며 쌓은 내공은 더 큰일도 해낼 수 있는 힘이 된다. 이렇게 얻은 힘은 사라지지 않고, 누군가가 빼앗아갈 수도 없다. 그 힘은 내부에 고스란히 축적돼 언제든 꺼내 쓸 수 있는 무기가 된다.

"꼭 그렇게 힘들게 살아야 하나요? 인생은 한 번뿐인데, 편하게 즐기면서 살고 싶어요."

이렇게 말하는 이들도 많다. 최근 유행이 되고 있는 라이프스타일, 이른바 '욜로YOLO('You Only Live Once!' 즉 '인생은 한 번뿐!'이므로 현재를 즐겨야 한다는 말)' 혹은 '소확행(소소하지만 확실한 행복을 추구하는 삶의 태도)'을 이야기하는 것이리라.

우습게 들릴지 모르지만, 나는 내가 말하는 순수한 열정 역시 진정한 욜로와 일맥상통한다고 생각한다. 신체적으로 건강한 젊은 시절에, 가장 맑은 정신으로 아무것도 계산하지 않고, '나'라는 브랜드를 만들어가는 열정. 그것은 그 자체로 고차원적인 몰입이고 즐김이 아닐까.

살면서 별다른 목표 없이 적당히 돈을 벌고, 그 돈으로 좋아하는 것, 좋아하는 사람들과 시간을 함께 보내고, 순간의 행복을 느끼며 사는 것. 그런 삶을 지향하는 이들을 나는 존중한다. 하지만 세상에는 그것에 만족하지 못하는 나 같은 이들도 분명 존재한다. 일을 하며 성취감을 느끼고, 한 단계 한 단계 발전해가는 자기 모습에 희열을 느끼는 '성장형 인간.'

세상에는 도전을 꿈꾸면서도 실패가 두려워서 변화를 회피해온 사람들, 더 나은 사람이 되고 싶다고 생각하면서도 쉬운 길을 선택했던 사람들이 있다. 나는 이들이 '편하게 살라'거나 '아등바등하지 말라'는 말에 편승해 욕망을 숨기지 않았으면 좋겠다. 더 잘살고 싶고 더 나은 사람이 되고 싶고 더 성장하고 싶은 욕망이 나쁜가? 그런 욕망이야말로 우리를 살아 있게 한다. 끊임없이 없는 길을 찾고, 생의 다음 페이지를 넘길 수 있도록 하는 힘과 의지가 바로 거기서 출발하기 때문이다.

나는 이런 성장형 인간들에게 분위기에 휩쓸리지 말고, 자기에게 맞는 율로를 실천해보라고 이야기해주고 싶다. 인생은 한 번뿐이기에, 그런 경험을 할 기회는 지금 이 순간이 아니면 없다고 믿기에.

꼭 나처럼 주당 140시간의 타임시트를 찍으며, 일에만 파

묻힐 필요는 없다. 방식이 다르더라도 무언가에 푹 빠져 열
정을 바치는 경험이면 충분하다. 그 과정에서 닥치는 어려움
을 견디고 스스로 이겨냈던 경험이 여러분 인생의 가장 중
요한 자산이 될 것이다. 이 사실은 누구에게나 적용되는 확
고한 진리다.

내가
디시전 메이커다

필리핀의 맥주 회사로 유명한 산미겔이 골드만삭스의 고객이던 때의 일이다. 이때 일본의 맥주 회사로 유명한 기린은 일본 도이치뱅크의 고객이었다. 2000년대 초, 기린이 산미겔의 지분 일부를 샀던 꽤 큰 딜이 있었다. 당시 나는 골드만에서 주니어 애널리스트 1명과 이 딜을 맡았다. 내 위로 MD가 1명 더 있긴 했지만 딜 전반을 관리해야 할 사람은 나였다.

그 무렵 필리핀은 정치적으로 매우 불안정했다. 심지어 내가 묵었던 곳 바로 건너편 호텔에서 참혹한 총기난사 사건이 벌어져 투숙객이 여럿 죽거나 다치는 사건이 벌어지기도 했다. 나는 필리핀과 일본을 오가며 6개월간 이 딜에 매달렸는데, 필리핀 시내를 이동할 때마다 주변을 두리번거리며 두려움에 떨어야 했다.

기 싸움에서 밀리다

그날도 그랬다. 나는 온종일 기린 측 자문사인 도이치뱅크가 요청한 딜 관련 서류를 준비하고 있었다. 그때는 딜의 대상이 기린으로 좁혀지고 바인딩 프라이스binding price, 즉 법률적으로 효력 있는 가격을 기린이 제시하기 전에 세부 실사를 해야 하는 아주 예민한 시기였다. 세부 실사가 끝나면 이를 바탕으로 가격을 정하는 협상이 이어질 터였다.

요즘에는 딜 관련 서류들이 모두 디지털화되어 있어서 버추얼 데이터룸virtual data room에 들어가면 얼마든지 필요한 정보를 찾아볼 수 있다. 하지만 당시에는 모든 자료가 서면으로 존재했다. 그렇기 때문에 피지컬 데이터룸phsical data room에 들어가 정해진 시간 동안만 서류를 검토해야 했다. 서류의 외부 유출이 철저하게 차단되던 터라 정해진 시간 동안 온전히 집중해 일을 진행하는 수밖에 없었다.

한창 서류를 체크해나가고 있을 때, 도이치뱅크의 MD에게서 전화가 걸려왔다. 그는 당연히 나보다 딜 경험도 많고 직급도 높은, 업계의 한참 선배였다.

"은영, 준비는 다 되어가요?"

"네, 지금 요청한 실사 자료 검토 중이에요."

"우리도 마냥 기다릴 수만은 없으니까, 요청한 법률 실사 자료랑 관련 계약서를 이번 주까지 보내줘요."

나는 서류를 들고 있던 손에 힘이 쭉 빠지는 걸 느꼈다.

"네? 뭐라고요? 이번 주면 모레까지 달라는 거잖아요. 자료 다 모으려면 모레까지는 힘들어요."

"그건 그쪽 사정이죠. 우린 기다릴 만큼 기다렸습니다. 이번 주까지 자료가 안 오면, 그냥 이번 딜은 없던 걸로 하죠. 전화 끊습니다."

끊어진 전화기를 들고 나는 망연자실했다. 그것은 일종의 기 싸움이었다. 나보다 경험으로 보나 직급으로 보나 한 수 위였던 도이치뱅크의 MD가 딜에서 유리한 고지를 선점하기 위해 나를 찍어누른 것이다. 나는 서류에 적힌 글자가 하나도 눈에 들어오지 않았다.

'다시 전화해서 항의할까? 그러다 나 때문에 이 딜이 깨지면?'

필리핀의 법률 절차상 당장 서류를 신청해도 하루 이틀 만에 받아보는 것은 현실적으로 불가능했다. 게다가 검토할 시간도 필요하지 않은가.

나는 골드만 뱅커다

'이 위기에서 나를 구해줄 사람이 없을까?'

과거에 진행했던 딜 그리고 내게 가르침을 줬던 사람들의 얼굴을 하나하나 떠올렸다. 문득 골드만에 입사하고 처음 진행했던 프로젝트가 떠올랐다.

당시 우리 팀은 싱가포르에서 딜을 진행했다. MD는 이 딜을 전체적으로 진두지휘하는 노련한 베테랑이었고, 나는 갓 딜의 실무를 맡게 된 풋내기였다.

한창 딜이 진행되던 무렵, 상대방 MD가 실무진인 나에게 연락을 해서 일정을 조정해달라고 요구했다. 치열한 작전이 오가는 딜에서 일정 조정은 상당히 민감한 사안일 수밖에 없다. 나는 그 연락을 받자마자 곧바로 MD를 찾아가 어떻게 해야 할지 물었다.

"뭐라고요? 그걸 지금 나한테 물어보는 건가요?"

내 말을 들은 그는 못마땅하다는 듯이 정색을 하며 나를 처다보았다.

"은영, 이런 질문은 곤란해요. 딜의 진행자는 당신이잖아. 상대방한테 그런 전화를 받았으면 그 즉시 상황을 파악해서 알맞은 답변을 해줘야지. 나한테 묻지 않아도 답은 알고 있잖아요?"

"그래도 일정은 중요한 부분이라 여쭤본 건데…."

"휴…."

그는 짧게 한숨을 내뱉더니, 눈을 크게 뜨고 말했다.

"똑똑히 들어요. 은영, 당신은 골드만 뱅커야. 딜 진행의 실무자는 당신이라고."

나는 아무 말 않고 조용히 그의 방에서 나왔다.

"당신은 골드만 뱅커야."

그 말이 커다란 충격으로 다가왔다. 나는 내 직급이란 틀에 갇혀 정작 내가 하고 있는 일에 걸맞은 '역할'과 '책임'에 대해 돌아보지 않았던 것이다. 그 말을 들은 후로 내가 진행하는 모든 업무의 최종 책임자는 나라는 생각을 갖게 됐다. '내가 실수한 부분은 내 상사가 챙겨주겠지' 같은 생각은 완전히 버렸다.

그때 일을 떠올리자 도이치뱅크 MD의 무리한 요구에 어떻게 대처해야 할지 그 답이 보이는 것 같았다. 나는 입술을 꽉 깨물고 곧바로 전화를 걸었다. 내가 그에게 건넨 첫마디는 이거였다.

"룩Look!"

그러니까 한국말로 하면 "야!" 정도 되겠다. 나는 그 어느 때보다 단호하게 다음 말을 이어갔다.

"당신이 요구하는 자료, 이틀 만에 나올 수 있는 거 아닙니다. 아시잖아요! 가서 당신네 클라이언트를 설득하세요. 그리고 합리적인 데드라인을 가지고 오세요. 그러면 나도 우리 클라이언트 설득해서 적정선을 조정해볼 테니까."

내 기세에 눌린 도이치뱅크 MD는 알겠다고 하고 전화를 끊었다.

산미겔과 기린의 딜은 양측 모두 원하는 바를 얻어내며 아주 행복하게 마무리되었다. 그 딜을 성공적으로 이끌고서 내 입지가 더 커진 것은 물론이다. 그런데 정작 가장 기분 좋은 순간은 딜이 마무리되고 나서 2년 후 찾아왔다.

내가 골드만을 퇴사하고 다음 행보를 고민하고 있을 무렵, 난데없이 모르는 번호로 전화가 왔다.

"은영, 나 기억해요? 산미겔이랑 기린 딜 때 만났는데. 도이치뱅크 MD 마이클이에요."

"아, 네…."

나는 잠시 내 기억 속에서 그를 소환하느라 머뭇거렸다. 뭐라고? 마이클? 마이클이 누구지? 도이치뱅크 MD라면… 나를 깡그리 무시했던 그 백인 남자?

"골드만 그만뒀다면서요? 내 밑으로 들어와서 나랑 같이 일해보는 거 어때요?"

결국 이런저런 이유로 그 제안은 정중히 거절했지만, 그렇게 기분 좋은 일자리 제안은 내 평생 다시없을 것 같다. 한때 나의 '적'이었던 사람에게 인정받은 셈이니까. 골드만에 다니며 밤낮으로 했던 모든 고생이 단번에 보상받는 순간이었다.

디시전 메이커로서의 마음가짐

M&A 전문가라고 하면 사람들은 내가 굉장히 추진력 있고 대담할 것이라고 오해하는 경향이 있다. 사실은 그와 정반대다. 나는 겁이 많고 신중한 성격이다. 어떤 문제가 생기

면 끊임없이 되뇌며 결단을 내려야 하는 순간까지 수천 번, 수만 번을 고민한다. 심지어 그런 고민을 잘 내색하는 편도 아니다.

M&A를 진행할 때 이런 치밀한 내 성격이 빛을 발하는 순간도 많다. 그러나 업계에 발을 들인 지 얼마 되지 않았을 무렵에는 그렇지 않았다. 크고 작은 결정을 빨리빨리 내려야 하거나 내 권한을 넘어서는 것 같은 책임과 맞닥뜨렸을 때, 이런 신중한 성격은 간혹 걸림돌이 되기도 했다.

딜을 하다 보면 단 한 마디의 말, 단 한 번의 실수, 단 한 명의 입장 변화 등 아주 사소한 요소로 인해 일을 그르치게 되는 경우가 허다하다. 그러다 보니 내내 살얼음판을 걷듯 위축되기 쉽고, 어느 때 치고 들어가야 할지 어느 때 빠져야 할지 판단을 내리기도 어렵다. 이런 상황에 신중한 성격까지 더해지니, 결정적인 타이밍을 놓치는 일이 종종 생길 수밖에 없었다.

몇 번의 시행착오 끝에 나는 '타이밍 맞는 판단'의 중요성에 대해 깨우치고 나의 부족한 부분을 보완해나갈 수 있었는데, 생각해보면 이는 비단 나만이 겪는 일은 아닌 듯하다. 직장인이라면 누구나 이와 비슷한 경험을 가지고 있을 것이다.

간혹 일에 대한 책임감과 주인의식이 지나쳐, 모든 사안을 내가 다 해결하겠다는 마음으로 일단 지르고 보는 이들이 있다. 이건 정말 위험하다. 한편 신중함이 과한 나머지, 사소한 사안 하나하나까지 상사에게 물어가며 더디게 일을 진행하는 이들도 있다. 이 역시 중요한 타이밍을 놓쳐 일을 그르치게 만들 가능성이 크다.

어느 때 알아서 해결하고, 어느 때 물어봐야 할까. 팁을 하나 주자면, '돈'과 관련된 문제일 경우에는 반드시 상사에게 묻고 진행하는 것이 좋다. 그 외 내 실무와 맞닿아 있는 작은 문제들은 알아서 해결할 필요가 있다.

중요한 것은 '내가 디시전 메이커decision maker'라는 마음가짐이다. 내가 지금 하고 있는 일에서만큼은 내가 의사결정자라는 사실을 명확하게 인지해야 한다. 혹여 상사에게 묻고 결정해야 하는 상황이 오더라도 "이런 문제가 있는데, 어떻게 할까요?" "거래처에서 이렇게 하자는데요"라는 식으로 접근해선 안 된다.

"이런 문제가 생겼는데, 이런 방법은 어떨까요?"

"이렇게 하자는데, 우리가 이렇게 역제안을 하는 게 좋을 것 같아요."

상사가 고민할 여지를 최대한 줄여주어야 하는 것이다.

골드만에서 진행했던 모든 프로젝트에서, 나는 디시전 메이커로서 일을 하려면 어떤 자세를 취해야 하는지 배웠다. 어쩌면 이것이 내가 골드만에서 깨달은 가장 큰 교훈인지도 모른다.

소심한 여자의
라포르 만들기

비즈니스를 하는 사람들은 특별한 일
이 없어도 주변 사람들에게 종종 연락을 하며 관계를 챙긴다.

"밥 한번 먹자."

"골프 한번 치자."

"술 한잔하자."

이런 말을 자주 건네고 자주 듣기도 한다. 그런데 나는 이
"밥 한번 먹자"는 말을 잘 못 하는 사람이다. 하려고 마음을
먹어도 막상 입 밖으로 내는 게 쉽지 않았다.

앞에서도 이야기했지만, 사실 나는 내성적이고 조금은 소
심한 성격이다. 그래서 대학 시절에는 그 흔한 동아리 활동

한 번 안 하고 아웃사이더로 지냈다. 유학 시절에는 남들 다 가는 한인 교회에도 나가지 않았다. 그곳에 가면 더 많은 사람들, 어쩌면 훗날 내게 도움이 될 사람들과 교류할 수 있다는 친구 이야기를 듣고 잠깐 고민했던 적도 있지만, 바로 그 생각 때문에 내키지가 않았다.

관계의 결벽증이라고 해야 하나? '나중에 도움받을 수 있을지 몰라'라는 마음이 드는 순간 상대를 대하는 게 불편해졌다. 심지어 나는 '인맥 관리'라는 표현조차 못마땅했다. 사람과의 관계를 '관리'한다는 것 자체가 상대를 도구로 여기는 것처럼 느껴졌기 때문이다. 그런데 나중에서야 나의 이런 성격이 비즈니스를 하는 데 치명적인 약점이 되는 것을 알았다.

"밥 한번 먹자"는 말을 못 해서

"혹시 사람들한테 필요할 때만 연락해요? 누가 그러대, 은영 씨가 다른 점은 참 괜찮은데 평소엔 연락 없다가 자기가 부탁할 일 있을 때만 찾아서 서운하다고."

충격이었다. 처음에는 속상하고 답답한 마음에 '내가 왜 이런 소리를 들어야 하나' 싶기도 했다. 더군다나 이 말을 전해준 이는 내가 멘토로 여기고 존경하는 분이었다.

서운한 마음이 좀 잦아들자 그 사람이 왜 그런 말을 했을까 싶었다. 알고 보니 그 말을 한 사람은 맥킨지 시절의 동료로, 나와 오래전부터 알고 지내던 사람이었다. 그와의 관계에 대해 곰곰이 생각해보니, 내가 그런 이야기를 듣게 된 이유가 없지 않았다. 흔히 말하는 '인맥 관리'를 제대로 하지 못한 탓이었다.

반성 끝에 나는 "밥 한번 먹자"는 말의 중요성을 받아들이기로 했다. 인맥 관리를 잘 하는 사람들은 안부인사 겸 연락을 하다가 시간이 맞으면 밥을 먹고, 그러면서 상대와 친분이 두터워진다. '필요한 일'이 없을 때에도 함께 밥을 먹고 술도 마시는 관계라면 '필요한 일'이 있을 때는 연락하고 부탁하기가 한결 수월하지 않겠는가?

그전까지 나는 필요할 때만 연락하는 게 그렇게 나쁜 일은 아니라고 생각했다. 왜냐면 나는 평소 연락이 뜸하던 사람이 정보가 필요하거나 물어볼 것이 있어서 연락하는 것이 아무렇지도 않기 때문이다. 필요하니까 연락하는 건 내게 너무나 당연한 일이었다. 그래서 남들도 나 같은 마음이려니, 했던 것이다.

그때 나는 다른 사람의 마음을 내 마음 같으려니 하고 넘겨짚는 건 위험한 일이라는 사실을 절실히 깨달았다. 남은 절대로 내가 아니고, 다른 사람들의 생각은 내 생각과 다를 수밖에 없다. 필요한 말만 하는 사람도 있지만, 친근한 말을 좋아하는 사람도 많은 것처럼.

미션, 라포르를 만들어라

자신 없는 인간관계를 잘 하기 위해서는 돌파구가 필요했다. 그래서 도전한 과제가 바로 '라포르rapport' 형성하기다. 라포르란 상대와 서로 신뢰감을 느끼며 친근한 감정을 공유하는 인간관계를 말한다. 일반적으로 상담을 할 때 상담자와 내담자 사이에 라포르가 형성되어야 한다는 말을 많이 한다.

이성과 논리로 돌아가는 월스트리트에서도 이 라포르가 가진 힘은 결코 무시할 수 없을 만큼 막강하다. 우리나라 사람들은 흔히 외국인들이 지극히 개인주의적이어서 인맥이란 개념도 없고, 회사 사람들과는 한정된 관계만 맺을 거라고 생각한다. 아주 틀린 이야기는 아니다. 외국 기업에서 우리나라 같은 끈적한 회식 문화는 별로 찾아볼 수 없는 게 사실이니까. 그렇지만 외국 기업에도 서로 친밀감과 신뢰감을 만들어갈 수 있는 사적인 자리는 분명히 존재한다. 그리고 그 사적인 자리에서 때때로 중요한 업무 이야기가 오가기도 한다. 친분 있는 사람들끼리 업무를 좀 더 수월하게 해내는 것은 물론이다.

골드만삭스에 근무하던 시절, 나는 라포르가 얼마나 중요한지 여러 번 느꼈다. 일단 라포르가 없으면 프로젝트를 시작하기 위해 팀을 구성하는 것부터가 불가능했다. 이후 다른 일을 진행할 때도 마찬가지였다. 특히나 홍콩 사람도 미국 사람도 아닌 완전한 외국인인 나로서는 라포르가 더욱 중요했다. 더는 이 내성적인 성격 때문에 오해를 사거나 손해를 보고 싶지 않았다.

그래서 시도해본 것이 화려한 생일 파티였다. 골드만삭스 소유의 요트를 빌려 회사 사람들을 비롯한 지인들을 초대해 요트 파티를 열기로 한 것. 이런 생일 파티 문화는 그 당시 꽤 흔한 것이어서, 초대받은 사람들의 지인들, 지인들의 지인들까지 몰려와 파티장은 북적이게 마련이었다. 그런데도 나는 걱정스러웠다.

'아무도 안 오면 어떡하지?'

어찌나 조마조마한지 불안한 마음을 감출 수 없었다.

"은영, 생일 축하해!"

첫 번째 손님이 친구 두세 명을 데리고 나타났다.

'다행이다!'

나는 그제야 안도의 한숨을 내쉬었다. 그 후로 한 명, 한 명 손님들이 찾아왔고 마침내 요트가 꽉 찰 만큼 많은 이들이 모였다. 일단 초대는 대성공이었다.

우리는 요트를 타고 바다 한가운데로 나갔다. 흥겨운 음악이 파티 분위기를 돋웠다. 다들 수영복으로 갈아입은 후 술을 마시고 춤도 추고 처음 본 사람과 이야기를 나누며 파티를 즐겼다. 그런데 정작 주인공인 나는 그리 즐겁지 않았다.

'이거 완전히 소셜 감옥이군.'

수영을 못 하고(당연히 수영복도 챙겨오지 않았다), 술도 많이 못 마시고, 낯도 많이 가리는 나 자신이 원망스러웠다. 게다가 장소는 바다 한가운데 요트 위, 피할 곳이 없다! 방법은 딱 하나, 내가 생각을 바꾸는 것이었다. 도리가 없었다.

'어차피 내가 벌인 판이잖아. 이왕 도전하기로 했으니 온몸으로 이 기회를 받아들여보자고.'

나는 아무렇지 않은 척 사람들의 대화에 끼어들었다. 시간이 흐를수록 불편함은 많이 사라졌고, 그들만큼은 아니지만 나 역시 어느새 파티를 즐기게 됐다. 그날 이후, 나는 비로소 그들의 세계에 한발 들여놓을 수 있었다.

약간의 불편은 참아보자

요트 파티 후에도 라포르를 만들기 위한 내 노력을 멈추지 않았다. 업무를 마치고 동료들과 간단한 칵테일을 마시며 정보를 교환하고, 주말에는 같이 하이킹을 떠났다. 보트를 함께 타자는 베트남인 동료의 제안으로 베트남까지 따라간 일도 있었다. 심지어 담배도 피우지 못하면서 당시에 엄청 유행했던 시가 바cigar bar에 가서 시가를 맛보았다가 지독한 맛에 쓰러진 적도 있다.

그러는 동안 즐거운 순간이 없지 않았지만, 솔직히 말하면 불편한 적도 많았다. 그럴 때마다 어느 정도의 불편은 꾹 참았다. '이 정도면 내가 할 수 있는 수준이야'라는 판단이 서면 못 이긴 척 일단 어울리고 봤다.

이유는 두 가지였다. 하나는 철저히 비즈니스적인 것인데, 이것도 일을 잘 해내기 위한 방편의 하나라고 생각한 것이다. 관계에 있어 그들의 룰에 최선을 다해 따라주다 보면, 적절한 타이밍에 내 목소리를 낼 기회가 찾아왔다. 때로는 그렇게 얻은 신뢰가 좋은 성과로 이어지기도 했다. 꼭 눈에 보이는 효과가 아니더라도 일을 진행할 때 훨씬 좋은 분위기에서 수월하게 할 수 있었다.

다른 이유도 있었다. 약간의 불편함을 견뎠더니 새로운 세상이 열렸다. 무언가를 내가 좋아하는지, 좋아하지 않는지는 해보지 않고서는 알 수 없다. 그들과 어울리며 나는 평소 내가 전혀 해보지 못했던 것들에 도전했다. 개중에는 끝까지 적응되지 않은 것들도 있었지만, 의외로 재미있고 좋은 기억으로 남은 것도 많았다. 이를 통해 나는 내 취향을 재발견할 수 있었고, 경험치를 늘릴 수 있었다.

약간의 불편함을 견디는 것. 이는 정말 싫은데 꾸역꾸역 참는 것과는 본질적으로 다르다. 이는 일종의 '도전' 내지는 '새로운 경험'이다. 눈 질끈 감고 불편함을 잠깐 참아보면 완전히 다른 세계가 열린다. 미리부터 '내가 좋아하지 않는 일' '나와 맞지 않는 일'이라고 선을 그을 필요 없다.

나는 이제 새로운 사람들을 만날 때 어떤 일이 일어날까 기대감이 먼저 들 정도로 많이 달라졌다. 낯가림으로 고생하던 예전의 나와 비교하면 이만큼 성장한 내가 대견스럽다.

3장

M&A 전문가에서 글로벌 자본가로

투자와 리스크를 배우다

리먼 신화가 무너지던 날

'글로벌'의 진짜 의미

리먼 브러더스 입사(2003)
미국 서브프라임 모기지 사태
세계 금융 위기
리먼 브러더스 파산(2008)

역사의 현장,
리먼 브러더스

M&A 전문가에서
글로벌 자본가로

2003년의 홍콩을 설명할 수 있는 단어가 딱 하나 있다. 바로 '사스.' 아직도 사스라는 단어만 들으면 그때의 공포가 생생하게 되살아나는 것 같다. 당시 홍콩 전역은 공포와 음울한 분위기에 잠식당했다. 길에도, 공원에도, 레스토랑에도 사람이 없어서 마치 전쟁이 휩쓸고 간 것 같은 황폐한 모습이었다. 게다가 그해 4월 1일 만우절에는 홍콩이 가장 사랑하는 스타 장국영이 만다린 오리엔탈 호텔에서 떨어져 사망하는 비극적인 사건이 있었다. 이 일은 가뜩이나 암울한 도시를 더욱 얼어붙게 만들었다.

전 세계가 사스를 두려워한 탓에, 홍콩에서 왔다고 하면 한국 사람들 누구도 나를 만나주지 않으려 했다. 심지어 친척들도 나를 만나지 않으려 해서, 부모님과 언니들 정도만 만날 수 있었다. 당연히 한국에서 일을 찾고 싶어도 찾을 수가 없었다. 사스 때문에 일을 구할 수 없다니!

할 수 없이 홍콩에 더 체류하기로 한 나는 월세가 수백만 원이던 커다란 집에서 반지하의 작은 집으로 이사를 할 수밖에 없었다. 홍콩에서 새로운 일을 구하게 될지, 한국으로 가게 될지, 전혀 다른 곳으로 가게 될지 알 수 없어서 내린 결정이었다.

집사에서 돈의 주인으로

이전 집은 신축 고층 빌딩으로, 언덕 위에 자리를 잡고 있어서 탁 트인 바다 전망이 일품이었다. 골드만삭스에서 주거비를 지원해줬기 때문에 회사 근처에 있는, 비싸고 좋은 집에 살 수 있었던 것이다.

새로운 동네는 홍콩의 부촌 해피밸리에 붙어 있는 작은 동네였다. 홍콩 현지 사람들이 밀집해 살고 있고, 맛있는 딤섬 집이 있는 그런 정겨운 동네를 상상하면 된다. 홍콩에선 외국인들이 모여 사는 지역을 벗어나면 영어가 통하지 않는다. 이 점이 정말 불편했다. 게다가 이사한 집은 아무래도 예전 집만 못 했다. 천장이 낮고 내부는 좁고 어둑해서, 약간의 폐쇄 공포가 있는 나로서는 답답한 기분을 떨칠 수 없었다. 여닫을 때마다 삐걱삐걱 소리를 내며 완전히 닫히지 않던 낡은 부엌문 같은 것이, 그 집을 떠올릴 때마다 가장 먼저 생각나는 것들이다.

그 동네에서는 영어가 통하지 않으니, 자연히 내 생활 반경도 좁아졌다. 지하철을 타고 어디로 나가볼까 하다가도 좀처럼 외출할 의욕이 생기지 않았다.

사실 어느 나라에서든 외국인으로 산다는 것은 녹록지 않은 일이다. 자유롭고 화려하고 돈 많이 벌고 비싼 동네에 사는 것처럼 보일 수도 있지만, 꼭 그런 것만은 아니다. 당분간 자리 잡아서 살다가 몇 년이 지나면 본국으로 돌아가야 하고, 가는 곳마다 계속 새로운 친구를 사귀어야 한다. 인간관계든 뭐든 어렵게 쌓아 올려도 떠나버리면 모든 게 사라지고 새로운 곳에서 처음부터 다시 쌓아야 하는, 그런 고단함과 불안정함이 늘 존재한다.

'어서 빨리 일을 찾아야지.'

그렇게 결심한 나는 미국과 홍콩, 일본, 한국까지, 전부 기회를 열어놓고 가장 마음이 끌리는 곳을 찾기로 했다. 기회가 닿는 대로 홍콩의 헤드헌터들을 만났는데 그 과정에서 홍콩의 리먼 브러더스와 연결이 됐다. 인사 담당자와 만나서 이야기를 해본 결과, 그는 나에게 일본 리먼 브러더스의 멤버도 만나보는 게 어떻겠느냐고 제안했다.

"대학원 시절에 잠깐 일본에서 연구하셨던 적도 있고 일본어도 잘하니, 일본에 가서 인터뷰를 해보는 게 어때요?"

그 말을 듣고 나는 리먼 브러더스 외에 내게 관심을 가졌던 일본 기업 사람들을 한꺼번에 만나기 위해 일본으로 날아갔다. 그리고 다양한 사람들을 만나 인터뷰를 하며 확실히 알 수 있었다. 리먼 브러더스에는 내가 만난 다른 어떤 기업에도 없는 특별한 무언가가 있었다.

리먼 사람들은 모두 굉장한 프로페셔널들이었고, 나에게 새로운 비전을 줄 수 있을 거라는 기대를 안겨주었다. 특히 나의 가슴을 뛰게 만든 것은 골드만삭스에서 내가 했던 일이 클라이언트의 의뢰를 받아서 M&A 전문가로 자문을 해주고 딜을 하는 것이었던 반면, 리먼 브러더스에서는 리먼의 내부 자금을 가지고 직접 회사를 사거나 투자하는 것이었단 점이었다. 이제 늘 꿈꿔왔던 대로 월스트리트의 금융 자본을 직접 주무르는 사람이 되는 것이다!

당시 만난 몇몇 다른 일본 기업과도 이야기가 잘 풀리긴 했지만, 전반적으로 그리 끌리진 않았다. 폐쇄적이란 느낌이 강했고, 무엇보다 내가 추구하는 글로벌한 시각이 잘 보이지 않았기 때문이었다(그때나 지금이나 일본은 우리나라보다 기업 환경이나 경쟁력 측면에서 앞서 있는 나라가 분명하다. 다만 나에게 매력적으로 다가오지 않았을 뿐이다).

결국 나는 고심 끝에, 내게 손을 내밀어준 회사들 가운데 리먼 브러더스의 손을 잡기로 마음먹었다.

이제 나는 자본을 직접 움직이는 사람, 투자자의 대열에 합류하게 되었다. 내가 다니는 회사의 돈을 가지고 직접 투자를 하게 됐으니, 한층 치열해질 수밖에 없었다. 마음가짐부터 새로이 해야 했다. 직급도 임원으로 올라갔고, 연봉 수준도 달라졌다. 막중한 책임감이 느껴졌다.

커리어의 정점 그러나 뒤통수

당시, 리먼 브러더스는 미국의 글로벌 투자은행 랭킹에서 골드만삭스, 모건스탠리, 메릴린치와 어깨를 나란히 하고 있었다. 게다가 내가 리먼에서 일했던 2003~2008년 중에

2005년, 2006년은 금융 시장이 최고의 호황기를 맞이한 때였다.

모든 것이 좋았다. 홍콩에 처음 왔을 때처럼 힘들게 일을 구하지 않아도 나를 스카우트하고 싶다는 제안이 여기저기서 밀려들었다. 당시 내 책상에는 높은 연봉과 직급을 제시하는 잡 오퍼 레터가 매일 대여섯 개씩 놓여 있었다.

힘든 일은 오로지 딱 하나였다. 바로, 상사와의 관계. 그와 나는 성향이면 성향, 업무면 업무, 무엇 하나 맞는 구석이 없었다. 상사로 인한 스트레스가 다른 모든 리먼의 장점을 잠식할 만큼 내가 겪는 괴로움은 심각한 수준이었다.

어느 날 나는 같은 부서의 동료에게 고민을 털어놓았다.

"정말 어떻게 해야 좋을지 모르겠어. 아무리 노력해도 상사에게 맞추기가 너무 힘들어."

"그래서, 어떻게 할 작정이야?"

"모르겠어. 다른 데서 스카우트 제의가 계속 들어오는데, 이 김에 옮겨야 하나 싶기도 하고."

우리 부서에 온 지 얼마 되지 않았던 그는 내 말을 듣더니 뜻밖에 여러 가지 이야기를 늘어놓았다.

"실은 나도 똑같은 문제로 고민을 하다가 이 부서로 옮겨오게 된 거야."

그의 맞장구에 힘을 얻은 나는 상사에 대한 불만은 물론 아직 고민까지 모조리 털어놓았다. 이야기를 하고 나니, 답답했던 마음이 조금 풀리는 것 같았다. 이렇게 마음을 터놓을 수 있는 동료가 내 곁에 있다는 사실이 참 고마웠다.

그리고 다음 날 아침. 나는 영문도 모른 채 출근하자마자 상사에게 불려갔다.

"은영, 어제 내 욕을 하면서 회사 옮기겠다고 했다며? 어떻게 그런 말을 하고 돌아다닐 수 있지?"

"네? 저, 그게……."

순간 등골이 서늘해졌다. 말문이 막힌 나는 상사가 펄펄 뛰며 쏟아내는 막말을 묵묵히 듣고 있을 수밖에 없었다.

'어떻게 이럴 수 있지? 믿고 속마음을 털어놨더니, 이런 식으로 뒤통수를 치는 거야?'

나는 배신감에 치를 떨었다.

알고 보니 그것은 상사의 인사고과와 동료의 이해관계 때문에 벌어진 일이었다. 이미 우리 팀의 다른 팀원들은 문제의 상사를 견디지 못해 전부 나가버린 상태였다. 이런 상황에서 나마저 퇴사하면 그는 인사고과에서 불리한 점수를 받을 수밖에 없는 처지였다.

한편 내 뒤통수를 친 동료는 우리 부서로 옮겨 오면서 상사와 함께 추진하기로 계획한 일이 있었다. 다른 동료들이 나가버린 상황에서 나까지 없어지면 그는 그 일을 할 수 없게 된다. 그는 자신의 계획이 틀어질까 두려워 내가 퇴사할지 모른다는 정보를 상사에게 준 것이었다.

결국 모든 건 동료를 친구라고 여겼던 내가 너무 순진했던 탓이었다. 우리는 이해관계가 얽히면 언제든 뒤통수를 때릴 수 있는 사이였음을, 잠시 내가 간과하고 있었던 것이다. 이제 나는 상사와의 관계에서 오는 스트레스에, 동료에 대한 상처와 배신감까지 감당해야 했다.

변화를 거부하면 결국 위기

그 무렵 나에게 들어온 일자리 제안은 총 5개였다. 나는 나름대로 평가표를 만들어 이 제안들을 비교해보기로 했다. '연봉' '브랜드 가치' '커리어의 성장성' '안정성' '상사의 인간성과 능력' 등의 항목을 만든 다음 회사별로 각각 점수를 매겨 총점을 내본 것이다.

더 볼 것도 없이 점수가 가장 높은 회사에 가면 되는 것인데, 참 이상했다. 내 이성은 가장 점수가 높은 회사로 이직하라고 말하는데, 마음은 가장 점수가 낮은 회사에 이끌렸다. 가장 총점이 낮은 회사, 최악의 가능성. 바로 지금 몸담고 있는 곳이었다.

결국 변화를 거부하는 내 마음이 문제였다. 연봉을 2배 이상 준다고 해도, 직급을 한두 단계 더 올려준다고 해도, 새로움보다는 익숙함을 선택하고 싶었다. 또다시 회사를 옮김으로써 겪어야 할 낯선 상황을 피하고 싶었던 것이다.

사실 인간관계에서 비롯된 문제를 제외하면, 리먼은 업무 면에서 아무 문제가 없는 회사였다. 이런 곳을 내 발로 떠나야 하다니? 타의에 의해 그만둘 수밖에 없는 상황이 아니라면, 이 회사에서 하고 싶은 일들을 해보고 충분히 성장했다고 느꼈을 때 그만두고 싶었다.

나는 결국 리먼 브러더스 한국 지사로 자리를 옮기기로 했다. 상부에 요청해 없는 자리를 만들면서 변화를 꾀한 것이다. 그때 나는 가능성 낮은 선택지를 고른다고 해서 그것이 꼭 최악의 선택으로 이어지는 법은 없다고 믿었다. 회사를 바꾸는 '큰 변화' 대신, 자리를 이동하는 '작은 변화'를 시도함으로써 나 나름의 돌파구를 찾은 것이다.

내가 쌓은 커리어의 면면을 살펴보면 변화무쌍한 부분이 있다. 전공과 상관없는 업종을 첫 직장으로 선택했고, 그곳에서 또 다른 업종으로 갈아탔고, 우리나라와 외국을 넘나들며 일했다. 그렇다고 해서 내가 변화를 좋아하고 즐겼느냐 하면 전혀 그렇지 않았다. 오히려 그 반대다.

살다 보면 인생의 전환점이 필요하다고 느끼는 순간이 있다. 눈앞의 현실이 견딜 수 없이 괴로울 때도 있다. 그럴 때 우리는 변화를 갈망한다. 하지만 변화란 결코 자연스럽지 않다. 변화는 그 자체로 불편하고 어렵다. 마치 내 발처럼 편한 낡은 구두를 버리고 길들지 않은 구두에 억지로 발을 구겨 넣는 것처럼 말이다. 새로운 구두를 길들이기까지 몇 번은 발뒤꿈치가 까지고 굳은살이 생기기도 한다. 익숙한 패턴을 바꾸는 것은 새 구두를 신는 것만큼 괴로운 일이다.

나에게도 변화는 두려운 것이다. 그래서 변화를 회피하기 위해 최악의 가능성을 선택했던 적도 있다. 심지어 1년 넘게 고민하다 겨우 변화를 시도했던 적도 있다. 이 모든 일을 경험하고도 내게 변화의 순간이란, 여전히 피할 수 있으면 피하고 싶은 대상이다.

그때 나는 반드시 변해야 할 이유가 없었다. 직장은 안정적이었고 능력도 인정받았다. 소박한 안정주의가 나에게 어울리지 않고 변화해야 한다는 마음속의 속삭임이 있었지만 애서 이를 무시했다. 그때 내가 했던 선택이 맞았는지 틀렸는지 아직도 잘 모르겠다. 변화가 두려울 때 큰 변화 대신 작은 변화를 택했던 건 나름대로 현명한 결정이었다고 믿지만, 어쩌면 이것이 나 스스로를 합리화하기 위한 변명은 아니었을까 하는 생각도 든다. 어쨌든 나는 변화가 싫어서 그런 선택을 했던 것이니까.

한 가지 확실한 건, 그때 내가 했던 선택으로 말미암아 전혀 예상치 못한 미래를 맞았다는 사실이다. 얼마 지나지 않아 세상에서 가장 부유한 기업이 파산하는 위기가 닥칠 거란 사실을, 나는 꿈에도 생각지 못했다.

난제를 해결하려면 변화를 회피할 것이 아니라 변화하며 자기 인생의 다음 페이지로 넘어가야 한다. 그때 나는 이 사실을 몰랐다.

투자와 리스크를
배우다

리먼 브러더스에 입사하고 처음으로 간 곳은 부실채권에 투자해 굉장히 높은 수익률을 자랑하던 곳이었다. 고위험, 고수익high risk, high return의 투자이고, 회사 자본으로 직접 하는 투자이기에 철저한 분석이 필수적이었다. 큰 회사든 망한 회사든 분석을 해야 딜을 진행할 수 있었는데, 다행히 분석은 내가 가장 좋아하고 재미있어하는 일이었다. 다만 망한 회사를 분석할 때는 그 회사의 잠재력과 투자 후 전망을 예측하는 것이 우량 기업을 분석할 때보다 훨씬 복잡했다. 또 한꺼번에 수백 개의 부실채권을 보는 능력도 키워야만 했다. 그 덕에 리먼 브러더스에서는 리스크에 대해 더 많이 배울 수 있었다.

어이없이 깨져버린 딜

2000년 초반 무렵, 우리나라의 은행들은 부실채권 때문에 경영 전반에 큰 어려움을 겪고 있었다. 정부에서는 은행에다 부실자산을 빨리 청산하라고 압박을 했는데, 이 문제는 IMF 시절이 끝나고도 몇 년 동안 제대로 해결되지 못한 상태였다.

은행에서는 부실채권 문제를 해결하기 위해 중소기업부터 대기업까지 수백 개 회사의 부실채권을 한데 묶어 경매로 내놓았다. 그러면 리먼 브러더스와 씨티은행, 론스타, 모건스탠리 등 부실채권에 투자하는 회사들이 적당한 가격을 제시했고, 은행에서는 그 돈을 받은 후 투자 회사에 부실채권을 팔아넘겼다. 이로써 은행은 부실채권을 청산하고 기업 건전도와 신용도를 상승시킬 수 있었다.

부실채권에 투자하는 회사는 수백 개의 회사를 분석하고 검토한다. 만약 100의 채권이 있으면 100 중에 얼마를 돌려받을 수 있을지 예측하고, 계산을 해야 하는 것이다. 만약

10을 돌려받을 수 있다는 결론이 나오면, 은행에 부실채권을 살 때 5를 주고 사야만 5만큼 이익을 남길 수 있다.

이런 식으로 수백 개의 회사를 전부 분석하는데, 그중에서도 금액이 큰 회사는 더욱 심층적으로 파헤친다. 정말이지 막대한 분량의 자료와 집중력을 요하는 작업이었고, 그런 만큼 성공했을 때 얻게 되는 성취감도 컸다.

한국 지사에서 적응을 마치자, 왜 이곳에 자리가 얼마 없는지 그 이유가 보이기 시작했다. 한국 시장 자체가 너무 작아서 큰 딜을 찾기 어려웠던 것. 나는 큰 딜, 그게 아니면 그나마 괜찮은 딜을 찾아 여기저기를 기웃거려야 했다. 그 과정에서 "이거다!" 싶은 기회를 겨우 발견해 본사에 보고를 한 적이 있다. 한보철강이 매물로 나온 것이다!

한보철강은 IMF 시절 첫 번째로 파산한 회사였다. 충남 당진 공단에 들어선 한보철강의 제철소는, 포스코에 버금가는 종합 제철소였다. 문제는 한보철강이 제철소를 지을 때 막대한 자금을 대출한 것이었다. 한보철강은 경기가 안 좋아지면서 자금이 돌지 않자, 결국 파산하고 말았다.

리먼 역시 이 딜에 관심을 보였고, 나는 리먼 한국 지사에서 처음으로 딜을 주도하게 되었다. 다시 며칠씩 밤을 새우는 강행군을 시작했다. 그 결과, 투자로 낼 수 있는 이익과 관련해 세 가지 가설을 세울 수 있었다.

첫 번째 가설은 당진이라는 지역의 가치에 관한 것이었다. 내가 당진이라는 지역의 특수성을 잘 알았던 이유는 삼촌의 공장이 마침 당진에 있었기 때문이었다. 딜이 시작되기 1년여 전 서해안고속도로가 개통되어 서울과 당진의 근접성이 좋아지면서, 당진 공단의 땅값이 크게 오를 전망이었다. 이에 따라 한보의 당진 공장 가치가 올라갈 것 역시 자명했다.

두 번째 가설은 제철소 내 기계의 가치에 관한 것이었다. 당시는 중국에 건설 경기 붐이 일면서 중국 철강 회사들이 급격하게 성장할 때였고, 그 회사들은 제철 공장을 짓고 있었다. 그러니 한보철강의 새 기계를 중국에 가져다 팔기만 해도 막대한 수익을 낼 수 있었다.

세 번째 가설은 앞의 두 가지 가설이 모두 실패했을 때를 대비한 최악의 가설이었다. 당진 땅값도 오르지 않고 중국에 제철소 기계를 갖다 팔 수도 없다면? 고철과 부지만 싼값에 팔아도 투자 금액을 상회하는 수익이 날 상황이었다.

자, 셋 중 어떤 시나리오대로 해도 실패할 수 없는 딜이었다!

한국 리먼에 들어와 처음으로 굵직한 딜을 맡은 나는 성사될 게 분명하다는 생각에 마음이 한껏 부풀었다. 이 딜만 잘 되면 리먼에서의 내 입지는 더 탄탄해질 것이 분명했다.

문제는 뉴욕에 있는 투자심의위원회에 가서 승인을 받아야 한다는 것, 투자심의위원회의 의장이 리스크에 굉장히 예민한 사람이라는 것 그리고 그가 심층적으로 파고드는 질문을 곧잘 한다는 것이었다. 하지만 딜에 대한 보고를 완벽에 가깝게 준비한 만큼, 나는 승인을 받지 못하는 일은 없을 거라고 생각했다.

"아시아의 부실채권인데 게다가 한보철강이라……. 이건 너무 위험해요."

한보가 IMF 때 파산한 것을 의장이 문제 삼을 것이라는 예상은 어느 정도 했었기 때문에, 나는 당황하지 않았다. 그리고 내가 세운 세 가지 투자 가설에 대해 설명했다. 그때까지만 해도 자신이 있었다.

"고철과 부지만 헐값에 팔아도 수익이 난다는 걸 아셔야 합니다."

그랬더니 이번에는 위원회에서 제철소 부지의 가치에 대해 파고들었다. 이때 의견을 낸 사람이 리먼 내의 부동산 전문가였다. 외국인이지만 한국에서 꽤 오랫동안 살았고 여러 딜을 한 그는 한국 시장에 대해 비교적 잘 알고 있었다.

"당진 부지의 가치는 제로입니다."

제로? 제로라니! 몇십만 평이나 되는 그 땅의 가치가 제로라고?

결국 한보철강 딜은 투자심의위원회의 승인을 받지 못해 깨지고 말았다. 나는 걷잡을 수 없이 화가 나고 답답하고 억울했다. 하지만 반박할 수 없었다. 회사에는 각각의 고유한 전문 영역이 있다. 부동산은 부동산 전문가의 영역이었다. 실제로 제철소 부지의 가치가 100이라고 해도, 부동산 전문가가 0이라고 하고 투자심의위원회가 그것을 받아들이면 0인 것이다. 내가 뭐라고 할 수 없는 일이었다.

이후 한보철강 제철소는 현대 계열사 중 하나인 현대 하이스코에 매각됐다. 현대는 이 제철소를 열연공장, 냉연공장으로 활용한다. 현대자동차를 만드는 데 드는 철판을 여기서 전부 제작한다고 보면 된다. 제철소가 없던 시절, 현대는 포스코에서 철판을 사서 조달했는데, 이제는 제철소에서 직접 철판을 제작하고 현대자동차에서 소비하는 식으로 사업을 수직계열화(하나의 제품을 만들기 위해 필요한 모든 사업체를 계열사화하는 것. 자동차 회사가 철강·부품 회사, 조립 회사, 물류 회사, 캐피털 회사 등을 계열사로 두는 것이 대표적이다)한 것이다.

그때 한보 딜이 문제없이 성사됐다면 회사도 큰돈을 벌어들이고, 나도 회사에서 인정을 받을 수 있었을 것이다. 그보다 좋은 일이 없었겠지. 그런 이유로 한동안 나는 한보철강을 떠올리기만 해도 화가 치밀었다. 그런데 나중에 다른 딜을 진행하면서 투자심의위원회의 판단이 틀리지 않았음을 깨달았다.

리스크를 보는 눈

2006년 12월 금호가 대우건설을 인수하는 딜에 리먼 브러더스가 투자를 결정했다. 당시 대우건설의 주가는 정점에 오른 상태였고, 금호는 계열사 자금을 모두 끌어모아도 대우건설을 사들일 돈이 부족했다. 그래서 투자할 기업을 모집했는데, 금호와 관계가 좋았던 리먼이 투자에 참여하게 된 것이었다.

이때도 역시 투자심의위원회의 승인을 받기 위해 뉴욕 본사와 컨퍼런스 콜을 진행했다. 리먼의 한국, 일본, 홍콩 세 개 지사가 함께하는 대규모 딜이었고, 한보철강 때 일이 떠올라 여간 긴장되는 게 아니었다.

"만약에 투자했는데 대우건설의 주가가 생각만큼 오르지 않으면 어떻게 하죠?"

"그럴 시에는 금호 그룹에서 수익률을 보장하기로 했습니다."

그러자 예의 그 "만약에"에 관한 질문이 돌아왔다.

"만약 금호가 파산하면 어떻게 할 건가요? 대비책이 있습니까?"

3년 전에 한보철강 딜을 실패하지 않았다면, 나는 오답을 말했을지도 모른다.

"한국의 대기업은 망하지 않습니다."

우리나라에서는 이 말이 답이 될 수 있지만, 리스크에 철저한 투자심의위원회는 이를 답으로 받아들이지 않는다. 이들이 원하는 답은 금호가 파산하더라도 그 리스크를 감당할 수 있는 대비책이다. 금호가 파산하더라도 리먼은 손해 보지 않는 답을 만들어야 하는 것. 다행히 나는 이 질문의 답안을 미리 준비해뒀고 세 번의 심의를 모두 통과해 딜을 성사시킬 수 있었다.

정말 놀라운 일은 그 이후에 일어났다. 투자심의위원회가 우려했던 대로 대우건설을 인수한 3년 뒤 금호가 결국 워크아웃에 들어간 것이다. 그 모습을 지켜보며 나는 한보철강 딜에 있어서도 그들의 판단이 옳았다는 사실을 인정하게 됐다.

'리스크에 있어서는 철저하게 만약[.] What if을 생각하라!'

이보다 중요한 원칙이 없다는 것을 리먼에서 배웠다.

하지만 그렇게 리스크에 있어서 철저하던 리먼 브러더스가 파산한 것은 너무나 아이러니한 일이었다. 이때만 해도 아직은 파산이 가시화되기 전이었고, 감당하기 힘든 시련이 나를 기다리고 있음을 나는 눈치채지 못했다.

리먼 신화가
무너지던 날

"충격! 세계 4대 투자은행 '리먼 브러더스' 파산."

2008년 가을, 전 세계 모든 신문의 1면을 장식한 헤드라인이었다. 금융사를 쓰게 된다면 분명 한 챕터 정도는 충분히 차지할 수 있을 만한 충격적인 사건이었다. 언론에서는 연일 리먼을 때려댔다. 물론 리먼이 투자은행 중에서 전 세계적으로 손꼽히는 곳이긴 했지만, 사실 이 일이 터지기 전까진 금융계 인사가 아니고선 리먼을 아는 사람이 많지 않았다.

불행하게도 나는 이 역사적인 사건의 엄청난 충격을 정면에서 고스란히 흡수해야만 했다. 이 일이 있을 당시 나는 리면 6년 차, 한창 회사에서 성장하며 중요한 역할을 담당하던 때였기 때문이다.

리먼 파산? 그럴 리 없어

리먼이 파산하기까지 전조 증상이 아예 없었던 건 아니다. 2008년 봄 '리틀 리먼little Lehman'이라 불리던 투자은행 베어스턴스가 파산했다는 소식이 들려왔다. 베어스턴스는 세계 5대 투자은행이었다. 많이 알려졌다시피 서브프라임 모기지론subprime mortgage loan(비우량주택담보대출)에 지나치게 투자하는 바람에 자금 경색이 불거진 것이 화근이었다.

리먼 한국 지사에 있던 나는 베어스턴스의 파산을 지켜보며 불안해지기 시작했다.

'혹시 우리 회사도 파산하는 거 아니야?'

아닌 게 아니라 시장에는 이미 리먼이 미국 최대의 상업은행 뱅크오브아메리카BOA와 합병될 것이라는 소문이 파다했다. 리먼 사람들은 삼삼오오 모여 불투명한 앞날에 대해 의견을 나누고 어떻게 해야 할지를 고심했다. 대체적인 의견은 '그래도 이 덩치에 파산을 하겠느냐'는 것이었다. 최악의 경우는 BOA와 합병을 하는 것이었다. 물론 그렇게 되면 우리가 갖고 있는 리먼의 주식 가치는 바닥이 되겠지만 그래도 지금 이 주식을 모두 포기하고 회사를 박차고 나가는 것보다는 합병이 낫지 않겠느냐는 의견이 대세였다.

보너스로 받은 회사 주식은 5년 동안 팔 수 없기 때문에 회사를 나가게 되면 5년치 주식이 사라진다. 금융 시장 경기가 좋을 때는 옮겨 가는 회사가 이전 회사 주식을 새 회사 주식으로 바꿔주기도 하지만, 당시의 시장은 그런 상황도 아니었다.

그 상황을 지켜보며, 세상에는 아무리 노력한다 해도 내가 손쓸 수 있는 범위 밖의 일이 존재한다는 사실을 깨달았다. 리먼에 남아 있거나 리먼을 떠나거나, 두 가지 선택에는 결과적으로 별다른 차이가 없었다. 그곳을 진작 빠져나왔다 해도 내게는 갈 곳이 없었을 것이다. 당시 월스트리트에는 신규 인력을 찾는 곳이 전혀 없었으니까. 나는 상황이 좋아지기만을 간절히 기도하며, 불안 속에서 차일피일 시간을 흘려보냈다.

그렇게 어느덧 여름이 지나고 가을이 찾아왔다. 지방에 있는 본가에서 추석 연휴를 보내고 있을 때, 서울에서 다급한 전화가 걸려왔다.

"얼른 올라와. 지금 여기 난리 났어."

나는 기어이 올 것이 왔다는 예감에 서둘러 짐을 챙겨 KTX에 올랐다. KTX 내부 모니터에서는 리먼 브러더스 파산을 속보로 다루고 있었다.

'이 큰 회사가 무너지다니, 그냥 미국 회사도 아니고 전 세계 4위의 투자은행인데…'

나는 지그시 입술을 깨물며 눈을 감았다. 모든 것이 너무나 비현실적이었다.

모래사장에 씨를 뿌리는 격

추석 연휴가 끝난 후, 나는 여느 때와 마찬가지로 정상 출근했다. 당시 리먼 한국 지사는 광화문 한화빌딩 12층에 위치해 있었는데, 이미 1층부터 기자들이 장사진을 이루고 있었다.

그 틈을 뚫고 겨우 12층에 올라와 사무실에 들어섰을 때였다. 누구라도 붙잡고 인터뷰를 하려고 이미 그곳에 앉아 있던 기자들 수십 명이 한꺼번에 나를 향해 몰려들기 시작했다. 당황한 나는 마치 죄 지은 사람처럼 고개를 푹 숙인 채 기자들을 뿌리치고 내 사무실로 향했다. 여기저기서 플래시 터지는 소리가 요란하게 들려왔다.

나와 동료들은 사무실에서 하릴없이 서성거렸다. 일이 손에 잡힐 리 없었다. 모두 반쯤 넋이 나간 표정들이었다. 그러다 누군가가 "짜장면이나 먹고 당구나 치러 가자"고 제안했다. 어느 누구도 그 말에 반대하지 않았다. 그렇게 우리는 다같이 짜장면에 소주를 먹고 당구장에 갔다. 정말 웃지 못 할 광경이었다.

당구를 치며 키득대는 남자 동료들을 넋 놓고 바라보다가, 문득 이게 뭐 하는 짓인가 싶어 다시 사무실로 돌아왔다. 마침 지나가던 인사 담당 부서의 어느 직원이 나를 붙잡았다. 회의실에 용한 점쟁이를 불렀다면서, 지금 1명씩 돌아가며 점을 보고 있다는 것이었다.

"금융 쪽에 훤한 점쟁이래요. 되게 용하다니까 한번 만나 보세요."

그때까지 살면서 한 번도 점을 본 적 없던 나였다. 그러나 상황이 이리 되니, 이성은 모두 마비되고 지푸라기라도 잡고 싶은 심정이었다. 나도 보겠노라 선언하고는 서둘러 회의실로 들어섰다. 점쟁이는 내 얼굴을 보더니 대뜸 이렇게 일갈

했다.

"모래사장에 씨를 뿌리는 격이로구먼. 이 회사에 왜 붙어 있어, 당장 나가!"

한 가닥 희망이라도 붙잡고 싶었는데, 역시나였다.

'휴, 회사가 파산한 마당에, 저런 말은 나도 하겠다.'

뻔한 이야기를 해대는 점쟁이를 뒤로하고 회의실을 나오는데, 갑자기 온몸이 부들부들 떨리기 시작했다. 급기야 다리에 힘이 풀려, 그대로 서 있던 자리에 풀썩 주저앉고 말았다. 그제야 나는 이 모든 비현실적인 상황이 제대로 인식되기 시작했다.

'내 자랑스러웠던 직장은 파산했다. 나는 내 발로 여기에서 나가야 한다. 또다시 그 지긋지긋한 취업 전선에 뛰어들어야 한다. 그런데 글로벌 위기를 맞은 금융 업계에는 지금 사람을 뽑는 곳이 없다….'

아주 많이 노력하면

다시 일자리를 구해야 하는 상황에 몰린 나는 냉정하게 내 처지를 돌아보았다. 일단 글로벌 경기가 나빠져 전 세계적으로 구인·구직 시장이 얼어붙은 게 가장 큰 문제였다. 또한 내 나이와 경력도 걸림돌이었다. 남들은 내가 화려한 커리어를 가지고 있으니 회사를 옮기는 것쯤은 아무 일도 아닐 거라 지레짐작하지만, 천만의 말씀. 경력이 쌓일수록 갈 수 있는 자리는 점점 적어진다. 그만큼 경쟁도 치열하고 살아남기 어렵다. 생각을 거듭할수록 나는 지쳐갔고, 급기야 무기력해졌다.

부모님께서는 회사가 파산하고 좀처럼 집 밖에 잘 나가지 않는 나를 걱정하시기 시작했다. 그러던 어느 날, 예고 없이 아버지가 찾아왔다. 아버지는 내게 특별한 조언이나 그 흔한 잔소리 한 마디 잘 하지 않지만, 당신이 살아온 삶의 궤적만으로 늘 내게 영감을 주시는 분이다. 그런 아버지가 무겁게 입을 열었다.

"은영아, 너 지금 뭐하고 있어? 이렇게 두문불출한다고 해결이 돼?"

"아버지, 너무 기운이 빠져요. 정말 열심히 살아왔는데…. 제가 뭘 더 어떻게 하겠어요."

아버지는 얕은 한숨을 내쉬더니 이렇게 말씀하셨다.

"너 맥킨지 들어갈 때 어땠니? 골드만 다닐 때는 또 어떻고? 네가 그랬잖아. 질리도록 일을 했더니, 이제 아무것도 안

무섭다고. 너만큼 일 좋아하고 열심히 하는 사람이 어디 있어. 너 같은 직원을 어느 회사가 마다하겠느냐고?"

"……."

나는 아무 말도 할 수 없었다.

"우리나라에서 너만큼 글로벌한 경력 가진 사람이 몇이나 되겠니? 왜 해보지도 않고 그래, 너답지 않게."

"제가 아무리 노력해도 안 되는 일이 있는 것 같아요. 노력 해서 되는 일이면 얼마든지 하겠는데, 노력만으로 안 될 때 는 어떻게 해야 할지 정말 모르겠어요."

그랬다. 나는 노력이 안 통할 때 어떻게 상황을 타개해가 야 할지에 대해서는 전혀 배우지 못했던 것이다.

> "은영아, 네가 너무 지친 것 같구나. 그럴 때는 조금 쉬어가도 된 단다. 그런데 이것만은 기억하렴. 노력한다고 모두 성공하는 건 아니지만, 아주 많이 노력하면 최소한 크게 실패하진 않더라."

그 말을 듣는 순간, 나도 모르게 눈물이 왈칵 쏟아졌다. 내 가 들었던 그 어떤 위로보다 따뜻했다. 나와 가장 가까이에 서 내가 얼마나 열심히 살아왔는지 지켜봐온 사람, 아버지로 부터 그런 말을 들으니 내 노력이 마침내 제대로 인정받은 느낌이었다.

아버지는 부드럽게 웃으며, 내게 한 마디를 덧붙이셨다.

"너는 언제나 아주 많이 노력하는 아이니까 크게 실패할 리 없

단다."

'글로벌'의
진짜 의미

아버지의 조언과 격려에 힘입어 나는 조금씩 마음을 추스를 수 있었다. 그리고 차분히, 내 커리어 전체를 되짚어보기로 했다. 무엇보다 더는 기운이 빠지지 않도록 조금은 긍정적인 관점에서 생각해보자고 다짐했다.

일이 내 마음대로 되지 않는다고 해서 내 삶이 여기서 끝난 것은 아니었다. 내 인생을 책임지고 다시 꾸려야 할 사람, 그 일을 해낼 수 있는 사람은 오직 하나, 나 자신이었다. 그리고 나는 믿었다. 어떤 일을 해내야 한다는 믿음에는 그 일을 할 수 있는 힘이 내포되어 있음을. 그렇기 때문에 나는 절망하지 않고 언제나 그렇듯 자신을 믿었다.

토종 한국인의 글로벌 커리어 분투기

맥킨지에서 골드만삭스 그리고 리먼 브러더스. 나는 최고의 회사들을 건너다니며 그토록 원했던 글로벌 비즈니스를 온몸으로 배울 수 있었다.

'그래, 이 정도 회사들을 거친 내가 어디엔들 못 가겠어.'

내 이력서를 전 세계 최고의 회사들로 채워왔다는 것, 이는 무한한 자신감으로 환원되어 어느새 나를 절망의 바다에서 끌어올려 주었다.

단순히 회사 간판이 문제가 아니었다. 나는 최고의 회사들에서 최고의 동료들과 일하며 이미 일 근육이 단단히 붙어 있었다. 이런 몸이라면 그 어떤 악조건 속에서도 다시 힘을 발휘할 수 있으리라. 마치 자전거 타기나 수영을 한번 배워놓으면 계속할 수 있는 것처럼 말이다.

더구나 나는 재미교포도, 외교관 자녀도 아니었다. 심지어 대학교 학부는 한국에서 나왔다. 대학원은 미국에서 나왔지만, 그 역시 부모님께 어떤 경제적 도움도 받지 않고 온전히 내 노력으로 일구어낸 결과였다.

지금은 이런 이력을 가진 사람이 훨씬 많지만, 그 당시만해도 특별한 인맥이 있는 사람이거나 특정 계층의 사람이 아니면 외국의 좋은 회사에서 일할 기회를 얻기가 하늘의 별 따기였다. 그러니 내가 그런 기회를 얻기 위해 얼마나 지독하게 노력을 했겠는가. 나의 커리어 분투기를 하나하나 돌아보니, 문득 나 자신이 더없이 자랑스러워지는 것을 느꼈다.

"한국에서 나만큼 제대로 '글로벌하게' 놀아본 사람이 없긴 하지."

그 나라 사람들의 삶 속으로

말이 나온 김에 '글로벌'이라는 말에 대해 한번 짚고 넘어가고 싶다. 글로벌이란 말은 이제 어떤 감흥도 불러일으키지 않을 만큼 일상적인 단어가 된 느낌이다. 인터넷 시대가 열리면서 국적을 초월해 많은 정보가 공유되기 때문일 것이다. 그럼에도 우리나라에서는 유독 이 글로벌의 의미가 여러 가지로 왜곡돼 있는 것 같다.

우리나라 사람들은 '글로벌하게 일한다'고 하면, 외국에서 공부하고 학위를 따고 그 나라 언어에 능통하고 외국 기업에서 일하는 것 정도로 생각하곤 한다. 특히 미국에서 일한다고 하면, 내 업무만 딱 하고, 일이 끝나면 집에 가서 여가를 즐길 수 있을 것이라 지레짐작한다. 그게 미국식 개인주의라고 넘겨짚는 것이다. 하지만 현실은 정반대다.

앞서 라포르에 대해 잠시 설명을 했는데, 바로 이런 라포르를 만들기 위해 그들도 우리나라 직장인들처럼 업무 시간 외에 업무와 관련된 사교 활동을 하는 일이 흔하다. 물론 그 방식은 우리나라와 약간 다르지만, 그런 활동 자체는 매우 중시한다.

예를 들면, 업무가 끝나고 오후 5~6시 이른바 해피아워happy hour에 동료들과 칵테일을 한잔하면서 일 이야기를 하고 서로의 신상에 관한 잡담을 나누곤 한다. "요즘 어때?" "휴가는 어디로 갈 거야?" 같은 가벼운 질문들을 던지면서 상대와 자연스럽게 친분을 쌓는 것이다. 이런 시간을 갖다 보면, 나중에 어떤 일을 할 때 친분 있는 동료에게 부담 없이 이야기할 수 있다. 나의 경우 리먼에 와서 보니 골드만 시절의 동료가 다른 부서의 요직에 앉아 있어서 나중에 도움을 받기도 했다.

외국 기업에 다니면 서구식 개인주의 문화에 따라 업무가 끝난 후 혼자 밥 먹고, 혼자 여행 가고, 편하게 지낼 수 있다고 여기는 사람은 글로벌 비즈니스를 잘못 이해했다고 봐야 한다. 진정으로 글로벌하다는 것은 용감하게 맨몸으로 낯섦을 통과하고 그것을 온몸으로 익히는 것이다. 낯섦을 익힌다는 것은 결국 다른 문화를 이해하고 그것에 적응한다는 의미다. 그런데 말이 쉽지, 이것을 실제로 해내기란 정말 쉽지 않은 일이다. 단순히 외국 회사에서 일한다고 해서 저절로 체득되는 것도 아니다.

글로벌 마인드를 어느 한 가지로 세련되게 정의 내리기는 어렵다. 같은 동아시아라 해도 중국과 일본, 한국이 다 다르고 기업 문화도 천양지차다. 제아무리 글로벌 기업이라 해도 그 기업의 가치관이 글로벌 마인드라 볼 수도 없다. 글로벌하게 일하고 싶은 사람은 현지의 문화와 그곳의 일하는 방식, 문화, 사고방식을 모두 섭렵할 각오를 해야 한다. 그것이 진짜 글로벌 마인드라고 봐야 한다.

여기서 한 발 더 나아가, 진짜 글로벌 마인드를 갖추려면 그 나라 사람들의 삶에 같이 뛰어들어 그들과 함께 시간을 보내야 한다. 그들의 대화방식이나 사고방식이 어떤지, 그들이 어떤 식으로 커뮤니티를 형성하지를 전부 꿰차야 하는 것이다. 그러려면 평소에 내가 옳다고 생각한 방식을 버릴 줄도 알아야 한다.

나는 리먼의 파산으로 인해 스스로를 돌아보고 나의 강점을 고민하며, 비로소 글로벌하게 일한다는 말의 진짜 의미를

깨닫게 되었다. 그렇게 생각하니 '앞으로 또 어떤 곳에서 새로운 일에 도전하게 될까' 하는 기대감으로 조금은 설레기도 했다. 낯선 곳으로 다시 한 번 도약하기 위해, 나는 잠시 멈춰 서서 호흡을 가다듬었다.

4장

글로벌 자본가에서
한국 대기업 임원으로

사내 정치도 내 방식대로

한국 기업에 불어넣은 글로벌 기운

SK 그룹 입사(2009)
SK 그룹 회장 구속(2013)

글로벌 기업이
되고 싶은 로컬 기업,
SK 그룹

글로벌 자본가에서
한국 대기업 임원으로

리먼 파산은 내게 큰 충격을 안겼지만, 아버지를 비롯한 가족들의 따뜻한 격려, 지인들의 응원에 힘입어 나는 오래 지나지 않아 평정심을 회복할 수 있었다. 혼돈의 시간이 끝나자 오히려 마음이 차분하게 가라앉았다. 여기서 인생이 끝나는 게 아니니까, 다시 털고 일어나서 할 수 있는 일을 찾아야 했다.

그간 거쳐 온 회사 중에서 어느 한 군데도 편하게 들어가지 못했던 나에게 다시 회사를 찾는 것은 정말 피하고 싶은 일이었다. 하지만 도리가 없었다. 다시 무너진 무릎을 세워야 했다.

다음 행보를 고민하다

어차피 금융권에서 신규 인력을 채용할 리는 없었다. 사업을 해볼까도 생각했지만 시기도 안 좋았고, 무엇보다 준비가 부족했다.

'무엇을 해볼까? 내가 하고 싶은 게 뭐지?'

몇 번을 되물어봤지만 여전히 M&A와 투자였다.

내 마음을 확인한 이후에 그간 쌓아온 경력에 대해 곰곰이 생각했다. 처음에는 맥킨지에서 M&A를 하려는 기업을 상대로 컨설팅을 했고, 그다음에는 골드만삭스에서 M&A 어드바이저로 기업들의 딜을 대리 수행했다. 이후 리먼 브러더스에서는 직접 회사 돈으로 투자에 나섰다. 이렇게 정리를 하고 보자, 다음 길이 보였다. 바로 사업 영역을 확장하려는 대기업에 들어가 내부에서 직접 M&A를 진행해보는 것.

방향을 정하자마자 백방으로 자리를 알아봤지만, 글로벌 위기가 닥친 터라 전반적으로 상황이 좋지 않았다.

'이 기회에 우리나라 기업 쪽으로 눈을 돌려보면 어떨까?'

나는 언젠가 우리나라 기업에서 일해보고 싶다는 생각을 했었다. 글로벌 기업에서 다양한 커리어를 쌓았지만 어쨌든 내 뿌리는 한국이었기 때문에 프로젝트를 할 때도 한국 관련된 일을 할 기회가 많았다. 그렇지만 정작 우리나라 기업에 몸담은 적은 없어서 우리나라의 기업 문화가 잘 이해되지 않을 때가 많았다.

앞으로 내가 커리어를 더 잘 쌓아가려면 한 번쯤 우리나라 기업에 들어갈 필요가 있겠다는 생각을 늘 하고 있었는데, 그렇다면 지금이 적기라는 확신이 들었다. 우리나라 기업에 들어가 기업 문화는 물론 의사결정 과정, 조직 특성 등을 전부 파악해봐야겠다는 생각이 들었다.

마음을 확고히 먹고 나서 갖은 인맥과 정보를 총동원해 자리를 찾기 시작했다. 경력은 부족하지 않고 인맥도 이렇게나 많은데, 구직의 길은 여전히 멀고도 험했다. 우리나라 기업의 사정도 그렇게 좋지 않았기 때문에 사세를 확장하려고 나선 곳이 거의 없다시피 했다.

또다시 차선책을 찾아봐야 하나 고민할 때쯤 지인으로부터 연락이 왔다.

"SK그룹에서 M&A 부서를 만든다는데, 한번 만나볼래요?"

눈이 번쩍 뜨였다. 내가 찾던 기회가 드디어 눈앞에 나타난 것이다.

"물론이죠. 몇 시, 어디서, 누구를 만나면 될까요?"

적응하지 못할 것은 없다

SK 면접에서 나는 지금까지 치른 그 어떤 인터뷰에서도 들어본 적 없는 질문을 받았다.

"주량이 얼마나 돼요?"

당황스러웠다. 잠시 망설인 다음, 그냥 솔직히 대답했다.

"주량이랄 게…. 술을 잘 못 하거든요. 어떤 술이든 한두 잔 정도밖에 못 마셔요."

"하하, 은영 씨. 한국에서는 주량이 얼마냐고 물으면 '소주 2병'이라고 해야 해요."

우리나라 기업에서의 생활도 만만치 않겠다는 예감이 든 건 그때부터였다. 실제로 내가 SK에 들어간다고 하자 모든 사람들이 이렇게 말했다.

"네 일하는 스타일로 봤을 때는 6개월도 못 버틸걸."

예전에 리먼 브러더스에서 함께 일했던 동료들, 그 외 나를 잘 아는 사람들 모두 한결같이 그렇게 이야기했다. 그중에는 내가 한국 생활 자체를 못 견딜 거라고 예언(?)하는 이들도 있었다.

그렇게 말하는 것도 무리는 아니었다. 당시 SK에는 외부 영입한 임원이 거의 없었다. SK 그룹 전체, 또 각 계열사에 나름의 인사 시스템이 있는데, 나의 경우는 시스템에서 벗어난 매우 이례적인 인사였다. 뿐만 아니라 그룹 전체 임원 약 700명 중에서 여자 임원은 고작 5명 남짓, 그룹 전체의 1퍼센트가 채 안 되는 수준이었다.

결코 쉽지 않은 길을 눈앞에 두고 잠깐 고민을 하기도 했다. 하지만 이번에도 역시 마음을 따라가기로 했다. 그때 내 마음 한쪽에는 우리나라 기업에 관한 호기심, 우리나라 기업을 제대로 파악하고 싶다는 강한 욕구가 자리 잡고 있었다. 드라마 〈미생〉 같은 작품에서 묘사되는 우리나라 기업의 전형적인 모습, 그러니까 야근을 하고 다 함께 회식을 하면서 술을 마시는 모습이 정말 현실에 기반한 것일지 궁금했다. 그리고 나에게는 맥킨지 시절, 우리나라 기업을 바라보던 그 시선이 여전히 남아 있었다.

'십수 년이 지났으니까 거기도 변하긴 변했을 거야. 그런데 어떻게 변했을까?'

이런 호기심이 떠나지 않았다. 맥킨지 시절 나는 아무것도 모르는 신입이었으니, 이제 어느 정도 경력이 쌓인 입장에서 임원으로 경험하는 우리나라 기업은 뭐가 달라도 다르지 않을까?

무엇보다 컸던 생각은 글로벌 기업에서의 경험들을 살려

서 우리나라 대기업이 글로벌화하는 데 미력하나마 공헌하고 싶다는 것이었다. 우리나라 기업은 내수 시장에서 한계에 부딪친 바, 성장을 위해서는 해외로 나가야 했다. M&A를 통한 해외 진출이 필요한 시기였던 셈. 결론은 쉬웠다. '~하고 싶다'가 이렇게나 많은데, 하고 싶으면 해야 하지 않겠나. 이번에도 나는 마음 가는 대로 결정했다.

생각해보면, 그때까지 몸담았던 조직 가운데 어디 하나 쉬웠던 곳은 없었다. 경력이 일천한 신입일 때나, 경기가 좋아 내 몸값이 치솟았을 때나, 회사가 파산해 낙동강 오리알 신세가 되었을 때나. 어려움은 그 종류만 달랐을 뿐 늘 내 옆에 딱 붙어서 수시로 나를 시험에 들게 했다. 그러면서 절실히 깨달은 것이 있다. 그건 바로 아버지가 내게 해주었던 그 말이었다.

"아주 많이 노력하면 최소한 크게 실패하지는 않더라."

내가 노력한다고 해서 늘 결과가 좋은 것만은 아니었다. 똑같이 노력해도 누군가에게는 운이 따라오고 나에게는 불운이 따라온 적도 있었다. 하지만 확실한 것은, 정말 많이 노력했는데 거기에 운까지 얹어진 경우 엄청난 성과가 났고,

반대로 정말 많이 노력했지만 잘 안 된 경우에는 그래도 아주 크게 망하지는 않았다는 사실이다.

이런 깨달음이 들자, 그다음부터는 어떤 불운이 찾아와도 크게 무너지지 않을 수 있었다. 내가 많이 노력하면 아주 크게 실패하진 않을 거란 생각이 먼저 들었으니까. 할 수 있는 만큼 노력하고, 그다음부터는 신에게 맡기면 되니까. 언제고 다시 일어설 수 있을 만큼, 이제 내 무릎은 단단해졌다.

나는 SK에 상무로 입사했다. 그리고 '외국계 기업 출신은 한국의 기업 문화를 절대 이해하지 못할 것이다' '너는 6개월 만에 뛰쳐나올 것이다'라고 했던 친구들의 예상을 보기 좋게 뒤엎고 5년을 근무했다. 한국 대기업의 임원 평균 임기가 2년이던 시절이었다. 이제 내게 적응하지 못할 일은 없었다.

스펙은 도전 다음이다

몇 번의 이직을 통해 나는 M&A를 여러 입장에서 다양하게 경험해볼 수 있었다. 이런 커리어를 쌓기란 쉽지 않다. 그래서인지 대학생 대상 강연회를 하면 꼭 받게 되는 질문이 하나 있다.

"원래 스펙이 좋으시잖아요. 그러니까 그런 커리어도 쌓을 수 있는 것 아니에요?"

맞다. 나는 스펙이 썩 훌륭한 편이다. 그러나 단언하건대, 스펙은 여러분이 생각하는 것만큼 중요하진 않다.

흔히 스펙은 학력, 학점, 토익·토플 등의 외국어 점수, 인턴 경력 등을 통칭한다. 내가 사회생활을 준비하던 초년생 시절에는 스펙이라는 단어가 없었다. 그러나 요즘 기준으로 보면 나는 스펙을 꽤 견고하게 쌓아간 학생 축에 낄 것이다. 다만 한 가지 분명히 해야 할 것은, 스펙을 쌓으려고 해서 쌓은 게 아니라, 난관들을 뚫고 앞으로 나아가다 보니 결과적으로 좋은 스펙을 얻게 됐다는 점이다.

그렇게 어렵사리 만든 스펙이 진로를 쉽게 뚫어주었나 하면 전혀 그렇지 않다. 우리나라 기업에서 일해보고 싶다는 이야기를 했더니, 이런 대답을 들은 적도 있다.

"한국 대기업에서 임원을 하려면 'SKY 출신 남자' 아니면 안 돼."

어디 그뿐인가. 나보다 스펙은 물론 커리어도 훨씬 부족한 새파란 후배가 단지 인맥만으로 내 자리를 꿰차고 들어오려 했던 적도 부지기수다.

스펙이 전혀 쓸모없다는 말을 하려는 게 아니다. 단지 스펙이란 내 치열한 삶의 흔적을 보여주는 훈장 같은 것일 뿐, 미래를 보장해주는 무기가 아니라는 말을 하고 싶은 것이다.

"에이, 그래도 스펙이 있어야 뭔가를 할 수 있는 것 아닌가요?"

아니다. 그런 생각을 갖고 있다면, 반드시 고쳐야 한다. 순서를 바꾸자. 스펙이 있어야 무언가를 할 수 있는 게 아니라, 무언가를 하는 과정에서 스펙이 생긴다. 그게 바로 스펙을 쌓으려는 노력보다, 더 많이 도전하고 더 많은 점을 뿌리려고 노력해야 하는 이유다.

'점 뿌리기.' 나는 알 수 없는 끌림에 의해 도전해보는 모든 행위를 점 뿌리기라고 말한다. 점 뿌리기는 계산이나 계획과는 거리가 멀다. 나는 이 점들이 어떻게 연결되어 명확한 선이 만들어질지 생각하지 않는다. 그래서 점 뿌리기는 호기심, 도전과 맞닿아 있다.

사람들은 흔히 시간과 체력이 한정되어 있기 때문에 필요하고 쓸모 있는 일만 해야 한다고 생각한다. 그래서 점 뿌리는 과정을 쓸모없고 소모적이라고 여긴다. 하지만 우리가 아는 지식과 세계는 한정되어 있으므로, 우리는 그 점이 유용할지 무용할지 판단할 수 없다. 미래에 대한 결단을 서두르기에 앞서 많은 경험을 해보아야 하는 이유다.

이 말을 치열한 삶만이 우리를 성장하게 만든다는 뜻으로 받아들이지 않았으면 한다. 어떤 형식의 삶을 살든 그것은 각자의 선택이다. 다만 나를 둘러싼 환경과 상황이 그저 흘러가게 내버려두기보다, 내가 끊임없이 환경과 상황에 개입하려는 마음이 중요하다. 그 마음이 내게는 곧 '점 뿌리기'다.

앞으로 찾아올 무수한 기회와 선택, 우연히 일어날 일들을 예측할 수는 없다. 목표를 세우는 건 중요하지만 '이것만 하겠다'라는 생각은 그래서 위험하다. 내가 지금의 커리어를 쌓을 수 있었던 것은 이 상반된 두 가지 일, 목표 세우기와 점 뿌리기가 내 삶에 공존해온 결과다.

사내 정치도
내 방식대로

SK에서의 5년은 우리나라 대기업의 생리를 알 수 있었던 소중한 시간이었다. 훗날 내가 다시 외국 회사에서 일하며 한국에 투자를 결정해야 한다면 우리나라 기업의 의사결정 구조를 안다는 것이 큰 강점이 될 것이었다.

서로 '잘' 지낸다는 의미

SK에서 나는 경영지원본부에서 일하며 새로운 분야의 딜을 주도하는 한편 사업 부문에서 M&A를 추진할 때 협업을 하곤 했다. 투자처를 결정한다든가 이미 투자 중인 곳에 지분을 늘린다든가 하는 건이 있으면 리뷰를 해주거나 직접 딜에 관여하기도 했다. 이런 경우 보고를 올리는 사람은 사업부 쪽 멤버들이었다. 관리와 운영이 사업부 책임이었기 때문이다. 내가 보고 주체는 아니었지만 보통은 나도 함께 배석을 했는데, 어느 날 당혹스러운 상황이 벌어졌다.

이미 회사가 투자하고 있는 광산에 지분을 늘릴지 말지 결정하는 건이었다. 보고를 맡은 부장은 나와 꽤 친밀한 사이였다. 더 정확하게 말하자면, 그는 내가 임원으로 부임한 첫날부터 호의적이던 사람이었다. 본인 일도 열심히 했기 때문에 우리는 업무 면에서도 아무 문제없던 관계였다.

하지만 그날 회의에서 그가 사장님에게 보고하는 내용은 내 입장에서 다소 당황스러웠다. 우리는 그 건에 대해 서로 충분한 의사소통과 리뷰를 거쳤다. 그 과정에서 나는 광산에 문제점이 있다는 것을 알았고, 회사가 지분을 늘리기 전에 이 점을 고려해야 한다고 지적했었다. 그도 내 말에 동의했기에 나는 당연히 그 내용이 보고에 반영될 거라 생각했다.

하지만 그의 보고 내용은 우리가 나누었던 이야기와 상당한 차이가 있었다. 보고를 할 때에는 어떤 순서로 어떻게 말하느냐가 굉장히 중요하다. 그에 따라 보고의 내용이 완전히 달라질 수 있고, 어떤 부분을 부각하고 어떤 부분을 누락하느냐에 따라 정반대의 결론이 나올 수 있기 때문이다. 그는 자신이 원하는 결론을 끌어내기 위해서 순서와 인과관계, 부각할 것과 생략할 것을 선택적으로 사용했다. 허위 보고라고 할 수는 없지만 팩트 자체가 틀린 부분이 없지 않았고, 내가 제기한 문제점은 하나도 반영되어 있지 않았다.

'저건 아닌데……'

나는 고개를 갸웃거리며 회의실에 있는 사람들을 둘러보았다. 그 자리에 참석한 사람들은 사전에 이 건에 대해 이야기를 나누었던 이들이었다. 그들도 나처럼 보고 내용이 적절하지도, 정확하지도 않다는 것을 알고 있었다. 하지만 그 자리에서 이의를 제기하는 사람은 아무도 없었다.

'이 보고가 정확한 사실과 거리가 멀다는 걸 부장도 알고 다른 사람들도 알 텐데…. 그런데도 아무렇지 않은 걸까? 아니면 사전 협의 때 내 말에 동의하지 않았으면서 말하지 않고 가만히 있었던 건가?'

머릿속은 복잡했지만 핵심은 간단했다. 내가 그 딜에 문제를 제기한 이유는 회사에 이득이 되지 않는다는 판단에서였다. 반면 부장의 입장에서는 딜을 계속해서 진행하는 편이

본인에게 이득이었고, 그 자리에 배석한 사람들은 괜히 그의 심기를 거스르지 않는 편이 좋다고 판단했을 것이다. 회사에서 항상 얼굴 맞대는 사람들끼리 '잘' 지내고 싶은 마음 때문에. 또 그래야 본인이 어떤 사업을 추진할 때 상대가 태클을 걸지 않을 테니까. 이 이상한 보고의 이면에는 평소 사내 정치로 만들어낸 끈끈한 동지 의식이 자리하고 있었다.

골드만삭스나 리먼에서 이런 식의 보고는 있을 수 없는 일이었다. 그곳에서는 사실과 논리에 근거하여 결정하고, 결과에 대해 정확한 책임 소재를 묻는다. 비합리적인 '로컬' 한국 기업에 가지 말라던 지인들의 경고를 비로소 이해할 수 있었다. 이대로는 글로벌 기업이 될 수 없다.

나도 한다, 사내 정치

입사를 하고 보니, 왜 내가 면접에서 '주량이 얼마나 되느냐'는 질문을 받았는지 이해할 수 있었다. 입사 후 한동안은 매일 저녁 술자리가 이어졌다. 각 부서의 임원들과 일종의 상견례가 열린 셈이다. 지금 와서 생각해보면, 내가 SK 내부에서 승진을 해서 임원이 된 것이 아니라 외부에서 임원으로 발탁되어 들어온 것이 문제였던 것 같다. 이런 케이스는 거의 없다시피 할 정도로 드물어서 나를 바라보는 삐딱한 시선이 있었을 것이다. 그래서 격식 없는 자리에서 편하게 나를 다른 임원들에게 소개해주려고 했던 것.

그러나 당시에는 그 모든 상황이 잘 이해되지도 않았고, 또 몹시 불편했다. 소주 2병 정도가 기본 주량인 남자들 사이에서 나는 몸 둘 바를 몰랐다. 먹는 둥 마는 둥 눈치를 봐가며 대충 술을 버린 적도 있다. 그랬다가 사장한테 걸려서 된통 혼이 나기도 했지만(그렇다, 임원도 이런 걸로 혼난다).

맥킨지 시절 내 첫 번째 오피스메이트office mate이자 나의 멘토인 분께 고민을 털어놨다. 그분은 외국에서 오래 생활한 데다 당시 삼성전자의 임원으로 계셨기 때문에, 내 사정을 잘 아실 것 같았다.

"은영 씨, 선언하듯이 딱 잘라 말해요. '나는 술 한 방울도 못 마신다'고. 차라리 그게 훨씬 나아요."

나는 그분의 충고를 받아들였고 그다음 술자리에서 사장에게 실은 술을 전혀 못 해서 힘들다고 말했다. 그랬더니 사장은 그걸 왜 이제야 말했느냐며 "앞으로 이 상무한테 아무도 술 주지 마세요"라고 했다.

그 이후 내가 원치 않는 술을 마시는 일은 사라졌다. 정말 다행이었다. 하지만 나는 첫발을 디딘 시점부터 이미 '한국 식 라포르 형성하기'에 실패한 셈이 되고 말았다. 우리나라 기업에서 '잘' 지내기 위해서는 사내 정치가 반드시 필요한 데 술을 마시지 않으면 그 길은 막히다시피 한다.

'어떻게 만회할 방법 없을까. 술 말고 할 수 있는 건?'

나에게는 사내에서 라포르 형성하는 일이 무엇보다 시급 했다. 새롭게 팀을 꾸려야 하는 처지였기 때문이다. SK에서 는 외부 영입 인력을 최소로 하길 바랐다. 내부에서 일 잘하 는 인원을 알아본 다음 차근차근 데려와야 했는데, 이게 보 통 일이 아니었다. 겨우 데려온 직원도 자칫 잘못하면 눈 뜨 고 빼앗길 수 있었다. 어디 그뿐인가. 내가 진행하는 프로젝 트마다 번번이 제동이 걸릴 수도 있었다.

'실력만 좋아선 살아남을 수 없어. 더구나 나는 팀원들을 보호할 의무가 있잖아.'

나는 고민 끝에 술을 안 하는 대신, 골프를 치기로 했다. 또 도움을 요청하는 임원들의 자녀들을 위해 진로 상담을 해주기도 했다. 중·고생 자녀를 둔 임원들은 외국에서 대학 원을 졸업하고 외국 기업에 '맨땅에 헤딩' 정신으로 들어간 내 경력이 자녀들에게 많은 영감을 줄 거라고 여긴 모양이 었다. 평소 열정 넘치는 청춘들과 만나 그들의 이야기를 들고 내 이야기를 들려주는 걸 무척 좋아하는 나로서는 마다 할 이유가 없었다. 내게는 수많은 시행착오를 겪었기에 혼자만 알기 아까운 노하우가 있었다. 그것을 고스란히 전수해주고 싶었다. 또 그들의 순도 100퍼센트 열정과 에너지를 느끼며 내 초심을 상기해보고도 싶었다.

이것이 끝이 아니었다. 외국에서 각종 컨퍼런스나 다른 행사가 열리면 나는 회사 고위급 인사들을 모시고 함께 가기도 했고, 그 밖에 국제적인 업무거리가 있을 때 기꺼이 참여해 도움을 드리기도 했다. 아무래도 내가 외국 기업에서 오래 일했고 영어, 일어, 중국어에 능통하다 보니, 국제적인 업무를 할 때 도움을 줄 수 있는 부분이 많았다.

이렇게 내 업무와 무관하더라도 내가 잘할 수 있는 일이 있으면 적극적으로 참여했더니 점점 나를 찾는 이들이 많아졌고, 그들과 차차 친분을 쌓을 수 있었다. 결국 우리 팀은 1년 만에 멤버 숫자를 3명에서 11명으로 늘릴 수 있었다.

나의 가치관이 선택의 기준

'정치적'이라는 말은 곧잘 나쁜 의미로 사용되지만, 아무

편견 없이 생각하자면 남들과 잘 지내는 것, 그럼으로써 조직 안의 정보를 파악하는 것, 결과적으로 자기 성과를 끌어올리는 것 같은 일련의 행위가 모두 정치적 행위라고 볼 수 있다. 좋은 의미도 나쁜 의미도 없이 사내 정치를 바라보면 '회사에서 잘 지낸다는 것은 무엇일까?' 하는 근본적인 질문과 맞닥뜨린다.

조그만 조직에든 큰 조직에든 사내 정치는 존재한다. 또 내가 신입이든 중간 관리자든, 사내 정치와 아예 거리를 둘 수는 없는 일이다. 실력도 없으면서 사내 정치만으로 이익을 챙기려는 이들은 나쁘다. 하지만 사내 정치를 '회사생활을 잘 하기 위한 도구'로 받아들이되, 회사생활을 '잘' 한다는 것의 의미를 스스로 정의할 줄 아는 사람은 현명하다고 봐야 한다.

돌이켜보면, 회사 생활을 하면서 만난 사람들 중에는 비정한 정치의 생리만을 따라가는 사람들도 적지 않았다. 자기가 알고 있는 것에 대해 일언반구도 없이 은폐하는 사람이 있었고, 때로는 모 아니면 도라는 각오로 경쟁자를 쳐내는 사람도 있었다. 특히 금융 업계나 컨설팅 업계처럼 험악하고 무자비한 곳에서는 뒤돌아시는 순간 등에 킬을 맞는 경우가 적지 않다. 이들 모두 각자 자기의 가치관에 따라 행동하는 것이리라.

사내 정치라는 말만 들어도 알레르기 반응을 일으키던 나는 오랜 직장생활을 해오며 결국 이것이 필요악일 수밖에 없고, 사내 정치를 해야만 하는 상황이 닥쳤을 때 자신의 경험치와 가치관에 따라 행동할 수밖에 없다는 결론을 내리기에 이르렀다.

누군가는 예전의 나를 요령부득에 융통성 부족한 사람이라고 평가할지도 모른다. 그러나 지금 다시 그때로 돌아가더라도 나는 또다시 그렇게 할 것이다. 나는 내가 옳다고 생각하는 대로 행동했고, 다른 방법은 알지 못했다. 사람들 사이에서 흔들리고 깨지면서, 가끔은 타협하고 가끔은 내 생각을 수정하면서 지금에 이르렀다. 그 결과, 이제 나는 원칙을 깨뜨리면서까지 이익을 우선시하지는 않지만, 나와 성향이나 가치관이 다른 사람과도 공존할 줄 안다.

안타깝게도 사내 정치에 관한 매뉴얼은 따로 존재하지 않는다. 조직 안에서 어떻게 인간관계를 만들고 유지해나갈지는 각자의 상황과 경험, 나의 위치와 상대방의 성향에 따라 직접 판단하는 수밖에 없는 것 같다. 다만 나는 정치든, 관계든 확고한 가치관이 기준이 되어야 한다고 믿는다. 사안과 이익에 따라 입장을 바꾸는 사람은 남에게 신뢰받기 어렵다.

뿐만 아니라 살얼음판 같은 세력 다툼의 현장에서 자신을 지켜낼 수도 없다.

알다시피 이때 필요한 가치관은 하루아침에 형성되는 게 아니다. 나만의 가치관을 적립하기 위해서는 내면에 목소리에 귀를 기울여야 한다. 내가 어떤 사람이고 나는 어떤 가치를 우선시하고 무엇을 추구하는지 수시로 묻고 답하는 과정을 거쳐야 하는 것이다.

한국 기업에 불어넣은
글로벌 기운

내가 SK에 막 입사했던 2009년 무렵, 석유 값은 물론 철광석을 비롯한 모든 자원의 가격이 일제히 오르고 있었다. 때마침 SK 그룹은 전사적으로 중국 진출에 역량을 집중했고 그다음으로 자원 사업에 열중하고 있었다. 이 과정에서 SK는 수직계열화를 하기로 하고, 이를 위해 광산 투자를 결정했다.

이는 그룹과 회장의 방침이었다. 이에 따라 나 역시 입사하자마자 브라질 철광석 광산을 인수하는 작업에 투입되었다.

과로로 죽겠다는 위기감

나는 그때까지도 일은 무조건 골드만 식으로 타이트하게 해야 한다는 생각이 몸에 배어 있었다. 그래서 브라질에 가려면 어차피 미국이나 유럽을 거쳐야 하므로, 일단 유럽에 다른 딜 2개를 만들어서 겸사겸사 성사시키기로 계획을 짰다. 그 결과, 프랑스에서 미팅을 하고 베니스로 이동 후 와인을 종류별로 10잔쯤 마시며 점심 미팅, 저녁을 먹으면서 또 미팅을 하는 강행군이 이어졌다.

그런 다음 비행기를 타고 브라질로 날아갔다. 리우에서 로컬 비행기를 타고 작은 지방 도시로 가서는 헬리콥터를 타고 광산까지 갔다. 광산을 돌아본 후 다시 헬리콥터를 타고 지방 도시로, 비행기를 타고 리우로 와서 저녁을 먹고, 술을 마시고, 그다음 날 아침 새벽같이 일어나서 또 협상을 했다. 돌아오는 길에도 직항이 없어서 독일 프랑크푸르트를 거쳐 와야만 했다.

그 무렵 내 생활은 광산 투자를 포함한 딜 관련 스케줄로 가득 차 있었다. 그때그때 딜이 진행되는 도시, 광산을 보러 가는 국가만 달라질 뿐이었다. 일 자체도 쉽지 않아서 불가능한 계획을 어떻게 해서든 가능하게 만들기 위해 총력을 다해야만 했다. 그러다가 시카고 출장을 갔고 곧바로 호주로 갔을 때 결국 사달이 나고 말았다.

기존에 투자했던 호주의 한 광산에 투자를 늘리자는 의견이 나와서 호주로 출장을 갔을 때였다. 일정을 모두 소화하고 마지막 날을 맞았는데, 몸에 이상 신호가 온 것이다. 그때 나는 죽도록 아프다는 게 어떤 것인지 알게 되었다.

'이러다가 사람이 죽는 거구나.'

이런 생각이 온몸을 휘감자 덜컥 겁이 났다. 나는 겨우 정신을 수습해 한국행 비행기에 몸을 실었다. 인천 공항에 도착하자마자 병원으로 직행해 링거를 맞았고, 그다음 날부터 일주일간 입원을 했다.

병상에 누워 생각하니, 미련하게도 내가 비행기를 타고 동서남북을 계속해서 쏘다니는 일정을 꾸역꾸역 해냈다는 걸 깨달았다. 몸이 시차에 적응할 틈이 없었으니, 수면 체계가 다 무너진 것도 당연한 일. 입원해 집중적으로 치료를 받긴 했지만, 이미 내 몸은 상할 대로 상한 후였다. 그 이후로 나는 거의 1년간 지독한 수면 장애를 겪어야만 했다.

몸이 쇠약해졌기 때문일까. 마음도 함께 약해지는 것을 느꼈다. 입원해 있는 동안 상사가 나를 만나러 오지 않았다는 사실이 그렇게 서운할 수 없었다.

'내가 이렇게 힘들게 일하는 걸 모르나?'

나는 상사가 당연히 알고 있을 거라고 생각했는데, 그게 아니었다. 그때는 상사가 원망스러웠지만, 지금 와 생각해보면 나부터가 상사와 제대로 소통하려 하지 않았던 것 같다. 기회가 있을 때마다 상사와 대화를 나누며 정보를 교환하고 내 상태에 대해서도 이야기했어야 했는데, 그럴 만한 여유가 없었던 것이다. SK에 근무하면서 내가 제일 소홀히 했던 것, 잘하지 못한 일이 있다면 바로 그런 종류의 커뮤니케이션이 아닌가 싶다.

그럼에도 나는 내가 우리나라 기업에, 우리 팀원들에게 조금이나마 글로벌한 기운을 불어넣었을 것이라 믿는다. 프로액티브하게 일을 대하는 태도, 목표가 있으면 집요하고 타이트하게 일에 달려드는 근성, 데이터와 숫자에 기반해 합리적으로 사고하고 분석하고 결정하는 방식 등은 내가 최고의 회사들을 두루 거치며 배워온 소중한 자산이었고, 나는 SK에 있는 동안 이 자산을 아낌없이 나누었다. 물론 단숨에 큰 변화를 일으키긴 어려울 것이다. 하지만 내가 일하는 모습을 보고 배운 후배들이 점진적인 변화를 불러일으킬 것이란 믿음만큼은 분명하다.

팀원을 모십니다

우리나라 대기업 질서에 의하면 사람이 곧 힘이다. 직급이 힘이기도 하지만, 같은 직급이라면 사람을 더 많이 가진 쪽이 더 힘이 세다. 그래서 능력 있는 사람을 몇이나 데리고 있느냐가 매우 중요하고, 연말이 되면 사람을 빼가기 위한 쟁탈전이 매우 살벌하게 벌어진다. 그런데 나는 팀원이 1명도 없는 가운데 팀을 만들었다. 다른 부서를 기웃거리면서 팀원을 달라고 구걸해야 하는 절박한 상황이었다.

보통 미국의 기업은 부서가 있으면 장이 있고, 그 아래 소속된 인원수도 정해져 있다. 그들에게 들어갈 예산도 모두 책정돼 있다. 부서에서 해야 할 일, 전략까지 미리 정해놓는다. 새로운 팀이 만들어졌다면? 그때도 정해진 예산과 계획에 따라 팀원을 뽑고 전략에 따라 일을 시작한다.

SK는 나에게 일단 팀원 3명을 배정해줬다. 아무도 없이 나 혼자 팀을 꾸려갈 수는 없는 노릇이니까 말이다. 3명 모두 내부 인원이었다. 그래서 외부 영입으로 팀원을 새로 뽑아야 한다고 거듭 주장했고, 그런 후에 겨우 2명을 더 보충할 수 있었다.

부서가 생기고 1년, 팀원 수가 11명이 되기까지 나는 또

한 번 최선을 다했다. 우선 대리, 과장 직급을 단 주니어들 가운데 유능한 친구들을 탐색했다. 대리, 과장급이 일을 잘 하지 못하면 부서 전체가 휘청거린다. 게다가 경영지원본부의 M&A를 담당하는 우리 부서에는 특수성이 있었다.

예를 들어, 철광석 광산에 투자한다고 하면 투자에 관한 업무는 우리 팀이 주도해서 진행하더라도 딜이 끝난 다음 광산을 운영하는 실무는 다른 팀이 해야 한다. 따라서 우리 만 일을 해서 되는 것이 아니라 항상 다른 부서와도 연계해 일을 진행해야 했다. 이렇게 연계된 부서가 총 5~6개라서 우리 팀의 1명은 이 부서, 또 다른 1명은 저 부서를 담당하고 소통하는 식으로 각개전투를 해나갔다.

우리 부서에는 항상 각각의 부서 내 핵심 멤버들과 교류 가 있는 사람이 몇 명은 있어야 했다. 그런데 이런 팀원을 데리고 오는 것, 또 계속해서 팀원으로 데리고 있는 것이 쉽지 않았다. 누가 일을 잘하는지 오다가다 들은 정보를 토대로 몇 명을 눈여겨봐두고, 기회가 있을 때마다 재빨리 1명씩 1명씩 그들을 데리고 와 팀원을 늘렸다. 바로 이때 회사 사람들과 골프를 치고 임원들 자녀의 진로 상담을 해주는 등 나 나름대로 사내 정치를 했던 것이 중요하게 작용했다. 사실 제아무리 임원이라도 팀원을 이 부서에서 저 부서로 오라 가라 할 수는 없는 노릇이다. 팀원 본인이 싫다고 하면 데려올 수 없는 게 현실이다. 그래서 직원들에게 미리 우리 부서의 하는 일, 매력과 장점에 대해 설명해주고 천천히 설득하는 작업을 해두었다.

이렇게 천신만고 끝에 유능한 팀원들을 모아놔도 연말이면 지주 회사에 빼앗기기 일쑤였다. 이를테면 SK홀딩스에서 '계열사에서 제일 일 잘하는 과장급'을 찾아 뽑아가곤 한다. 연말마다 전화가 와서 올해는 내 팀원 중 누구를 달라고 하는데, 그때마다 협상을 하고 상황이 절박하면 싸움을 하고, 그럼에도 팀원을 보내게 되면 간신히 다른 부서에서 또 다른 팀원을 데려왔다. 그 정도로 팀원은 중요한 문제였다.

나의 팀, 나의 팀원들

우리 부서는 규모가 큰 딜을 많이 했다. 대표적으로, 웅진 코웨이 딜과 하이마트 딜이 있었는데, 두 프로젝트 모두 자 그마치 조 단위였다. 최종 단계에서 회사의 방침이 갑자기 변경되어 아쉽게도 하이마트는 롯데가, 웅진코웨이는 MBK 가 M&A 하는 것으로 마무리됐다. 이런 딜들을 진행하는 과정에서 팀원들의 경험과 역량이 쌓여갔고 그들은 부쩍 성장할 수 있었다.

우리 팀원들은 각자 능력이 출중했지만, 투자은행 출신이 아니니 전문적으로 M&A를 해본 적은 없었다. 그런데 기업 금융 전문가들도 참여하는 딜을 같이 해가며 투자가 무엇인지 배웠으니 대단한 경험을 한 셈이다. 그 경험을 발판 삼아 비즈니스 스쿨에 간 친구도 있고 외국 기업으로 옮긴 친구도 있다. 지금도 나는 내가 SK에서 글로벌 전문 인력을 키우는 데 공헌한 것을 뿌듯하게 생각한다.

나는 팀원들의 성장을 돕고 싶었다. 그들을 볼 때마다 미국에 아무런 연고도 없던 내가 코넬 대학원에 갈 수 있도록 도와주었던 분의 얼굴이 떠올랐기 때문이다.

학부 시절, 나는 미국의 UC 어바인에 교환 학생으로 갔던 적이 있다. 그곳의 학업 분위기는 미국 서부의 분위기 그대로 느슨하고 자유로운 편이었다. 이런 쿨하고 여유로운 학생들 사이에서 나는 의도치 않게 '튀는' 학생이었다.

나는 항상 맨 앞줄, 정중앙에 앉았다. 교수님의 침 세례를 맞아가며 모든 내용을 필기했고 항상 공들여 과제를 했다.

미국에서 공부할 기회를 잡았다는 게 꿈만 같았고, 공부가 너무 재미있었다. 그러면서 미국으로 유학 오고 싶다는 꿈을 꾸게 되었다. 문제는 어느 대학에, 어떤 방법으로 지원해야 좋은지 전혀 알지 못했다는 것이다. 게다가 학비도 준비되어 있지 않았다.

그런 나를 이끌어준 이는 당시 UC 어바인에서 학생들을 가르치던 대만 출신의 교수 제임스 황이었다. 그는 세계 최고의 언어학자이자 철학자인 노암 촘스키의 수제자로, 그 역시 대단한 언어학자였다. 당시만 해도 이런 사실을 전혀 몰랐던 나는 어느 날, 그의 수업을 듣다가 궁금한 내용이 있어 그의 방을 찾아갔다. 낯을 가리는 나는 교수실 문 앞에서 들어갈까 말까 한참을 망설였다. 그렇게 서성대던 나를 발견한 그는 내 얼굴을 보자마자 밝게 웃었다. 나를 아느냐는 질문에 그는 이렇게 답했다.

"제일 앞자리에서 열심히 수업 듣는 학생이잖아. 세 번의 시험에서 항상 일등이었고. 반 평균이 24점 정도일 때도 늘 95점 이상을 받았고. 어떻게 너를 모를 수 있겠어."

그 말에 용기를 얻은 나는 수업 중 궁금했던 부분은 물론 내 앞날에 대한 고민까지 털어놓을 수 있었다. 그리고 바로 이 시간 덕분에 내 삶은 완전히 바뀌었다.

그로부터 1년 후 내가 미국 대학원에 들어가고 싶다며 제임스에게 추천서를 부탁하자, 그는 내가 지원한 10여 곳의 학교 모두에 추천서를 써주었다. 각 학교마다 다른 양식에 맞춰 추천서를 쓰고 마감일에 맞춰 일일이 발송하는 작업은 그에게 무척 번거로운 일이었을 것이다. 엄밀히 말하면 그에게 나는 자신의 개론 수업을 수강했던 일개 교환학생에 지나지 않았다. 그럼에도 그는 흔쾌히 그 많은 학교에 추천서를 보내주었다.

그 덕분에 나는 코넬 대학원에 합격했을 뿐 아니라 5년 동안의 학비를 전액 면제받게 되었다. 게다가 1달에 1,200달러씩 생활비까지 지원받게 되어 졸업할 때까지 돈 걱정 없이 공부만 할 수 있었다. 정말이지 상상도 못 했던 행운이었다. 이런 놀라운 행운이 나에게 온 이유를 훗날 나는 코넬에 가서 지도 교수에게 전해 들었다.

"제임스가 너를 위해 9장짜리 추천서를 써준 건 알고 있니? 내 평생 그렇게 길고 정성스러운 추천서는 본 적이 없어."

나는 토플 점수가 만점에 가까웠고 학점도 좋았다. 대학 4년 중 어느 한 시기도 허투루 보내지 않았다고 자부한다. 하지만 그게 전부가 아니었던 거였다. 내로라하는 수재들만 모이는 아이비리그에 5년 전액 장학생으로 입학할 수 있었던 데는 제임스의 9장짜리 추천서가 결정적이었던 것이다.

팀원들이 진로 문제로 나에게 도움을 요청할 때마다 나는 제임스를 떠올렸다. 그분이 나에게 그랬던 것처럼 나도 팀원들의 진로를 열어주고 싶었다. 그래서 밤중에 국제 전화로 1시간 넘게 외국 기업 담당자와 통화를 하면서 그들을 추천한 적도 있다. 그들의 장점과 능력치를 구체적으로 알려주고 우리나라 기업에서 발휘되지 못한 잠재력이 있는데 외국 기업에서는 이 잠재력을 충분히 발휘할 수 있을 것이라고 적극적으로 어필해주었다. 9장짜리 추천서의 정성에는 못 미치더라도 나름대로 최선을 다하고 싶었다.

SK와의 인연이 마무리될 무렵에도 나는 고생한 팀원들이 최대한 좋은 곳에 갈 수 있도록 도와주고 싶었다. 내 다음번 직장을 찾는 것보다 그 일을 최우선 과제로 삼았다.

그럼에도 신념을 따르다

SK는 내가 커리어의 정점을 찍을 수 있는, 그런 무대가 되어주진 못했다. 이는 애초 그곳에 입사할 마음을 먹었을 때부터 예견했던 일이었다. 예전에 일하던 기업보다 적은 보수를 감수하고도 그곳에 입사했던 이유는 무엇보다 우리나라의 대기업 문화를 이해하고 적응하는 것, 글로벌 기업에서의 경험을 바탕으로 우리나라 기업의 세계화에 기여하는 것을 하나의 도전 과제로 삼았기 때문이었다. 한편으로는 악조건을 뛰어넘고 싶은 마음도 있었다.

'직접 들어가서 경험해보고, 어려움이 있다면 극복해보자!'

그래야 외국에서도 "나는 한국 회사의 생리를 안다" "한국 회사에 대해 누구보다 잘 이해하고 있다"고 말할 수 있지 않겠는가?

SK에 몸담고 있는 동안에도 몇 번이나 매력적인 제안이 들어왔다. 그런데 그런 제안을 따라 옮겨 다니는 것은 내 신념과 어긋나는 일이라 전부 거절했다. 나에게는 '내가 좋아서 선택했고 내 발로 입사했다면 아무리 어려워도 최소한 2년은 견뎌야 한다'는 철칙이 있다. 나는 그렇게 인내하고 버팀으로써 생기는 힘을 믿는다.

커리어에 욕심이 있는 사람이라면 다른 무엇보다도 이 점을 중요하게 생각해야 한다. 내 이력서에 쓰일 회사들이 대단한 곳인지 아닌지 경력이 화려한지 아닌지가 전부가 아니다. 그보다는 한 조직 안에서 주어진 일을 얼마나 충실하게 꾸준히 해냈는가가 훨씬 중요하다. 그래서 좋은 제안에 따라 옮겨 다니기를 좋아하는 이들이 궁극적으로는 좋은 평가를 받지 못하는 것이다.

나는 신념에 따라 조직에 머물 수 있는 만큼 머물렀고 때가 됐다고 생각했을 때 회사를 나왔다. 나는 이제 우리나라 기업의 의사결정이 어떻게 이루어지고, 우리나라 기업과 일하는 데 있어 가장 중요한 것이 무엇인지, 우리나라 회사와 딜을 할 때는 어떤 전략이 필요한지를 누구보다도 잘 안다. 그리고 나와 함께 글로벌 딜을 하며 성장한 팀원들이 곳곳에서 프로페셔널하게 일하며 우리나라 기업을 조금씩 변화시켜나가고 있다고 확신한다.

5장

한국 대기업 임원에서
중국 자본의 큰손으로

차이니스월을 넘어서

중국 재벌 그룹의 유일한 외국인 임원

매뉴얼 없는 회사에서 일하기

안방과의 이별 그리고

안방 보험 입사(2015)
안방 보험 회장 구속(2017)

마침내
신대륙을 밟다,
안방 보험

한국 대기업 임원에서
중국 자본의 큰손으로

"폐쇄적이기로 유명한 중국 금융권에 어떻게 진출하실 수 있었죠?"

M&A나 금융 업계에 대해 잘 모르는 대학생들은 나의 커리어에 대해 듣게 되면 대체로 맥킨지나 골드만삭스에 대해 궁금해하지만, 사실 이 업계에 대해 조금 아는 사람들은 백이면 백 모두 내 '안방' 시절 이야기를 듣고 싶어 한다. '중국 안방 보험그룹 한국 대표' 직함은 내가 가장 최근 쌓아올린 커리어다.

그들이 궁금해하는 '어떻게'를 대체 어떻게 설명해야 할까? 그 짤막한 단어 안에는 나 나름의 무수한 노력과 시행착

오의 과정이 있다. 그 긴 스토리를 함축하는 한 마디가 있으니, 바로 앞에서도 계속 강조했던 '점 뿌리기'다.

막연한 호기심 그리고 끌림

중국에 대해 처음으로 관심을 가진 것은 대학원 시절 일본어 연구를 위해 요코하마에 갔던 20대 시절 때였다. 그날 나는 다른 학생들과 함께 스터디가 열리던 IUC^{Inter University} ^{Center for Japanese Language Studies}의 어느 방에 앉아 있었다. 방에는 학생들 말고도 몇 명의 일본인들이 있었다. 센터가 주선해 일본어를 배우러 온 외국 학생들과 현지에 사는 일본인이 만나는 시간이었다.

나는 방 안에 있는 사람들을 둘러보다가 어느 일본인 노신사와 눈이 마주쳤다. 작고 마른 체구에 은발이 멋지게 어울리는 분이었다. 자기 소개를 할 차례가 되자 이 노신사는 자신이 요코하마 은행장이었고 얼마 전에 은퇴했다고 했다. 차분하면서도 힘 있는 목소리에, 말수가 많진 않았지만 겸손함과 자신감이 느껴지는 분이었다.

그 당시 나는 일본어뿐 아니라 일본 경제에도 관심을 가지고 있었다. 코넬을 비롯한 아이비리그 집단에서 내가 만났던 일본인들은 대체로 콧대가 높고 자신들이 최고라는 생각을 갖고 있었다. 나는 아시아의 조그만 섬나라가 어떻게 최고의 경제대국이 되었는지, 또 90년대 초반이던 그 당시 왜 일본 경제의 버블이 붕괴되기 시작했는지 궁금한 것이 많았다. 요코하마 은행장이던 그분은 내가 일본에 대해 궁금해하던 모든 것들에 대해 차분하게 답해주었다.

나는 센터에서 그분을 만날 때마다 많은 이야기를 나누었다. 함께 서점에 가서 일본 경제를 이해하는 데 도움이 될 만한 책을 추천받기도 했다. 그중 가장 인상적이었던 책 중 하나가 중국에 진출한 일본 기업에 관한 이야기를 담은 것이었다.

일본은 모든 면에서 우리나라보다 한발 빠르다. 90년대 초반이던 그 당시 일본은 이미 여러 기업이 중국에 진출한 상태였다. 노신사가 추천한 책에는 중국에 진출해서 실패한 일본 기업의 사례가 분석돼 있었다. 그 책을 읽으면서 내가 중국에 대해 받은 첫인상은 이런 것이었다.

'중국은 완전히 다른 나라인가 보다.'

동북아시아 세 나라가 역사적으로나 문화적으로나 공통점이 많다고 생각했던 나는 일본 생활을 통해 그런 생각이 전혀 잘못된 편견이라는 사실을 뼈저리게 느끼던 참이었다. 세 나라는 공통점도 있지만, 차이점 또한 극명했다.

'잘난 일본 사람들에게도 중국은 만만치 않구나!'

중국과 중국 기업에 대한 관심은 이렇게 한 권의 책으로 사소하고 단순하게 시작됐다. 하지만 바로 그 작은 관심 때문에 나는 중국에 관한 이야기가 들릴 때마다 귀를 기울이게 되었다.

골드만삭스에서 일하던 시절에도 그랬다. 사스와 닷컴 버블로 사람들이 밀물처럼 빠져나갈 때 홍콩인 친구들이 베이징으로 가는 것을 보면서 '왜 하필 중국일까?' 하는 생각이 들었다. 영어와 광둥어만 배운 홍콩 친구들이 너도나도 베이징어를 공부하기 시작할 때도 '왜 중국이지?'라는 의문이 떠나지 않았다.

때론 쓸모없는 일도 해야 한다

중국에 대한 막연한 호기심은 점차 큰 관심으로 번져갔다. 당장 중국에 간다거나 중국 관련 비즈니스를 할 계획은 없었지만, 중국어 공부를 해보기로 마음먹었다. 언어학도답게 일단 언어를 알아야 그 나라에 대해 파악할 수 있겠단 생각이 들어서였다.

그런데 하필이면 중국어를 시작한 때가 리먼 브러더스에 다닐 때였다. 나는 매일 출근 전 새벽 시간을 할애해 꾸준히 중국어 학원에 다녔다. 그 덕에 3년 동안 초급, 중급, 고급 과정까지 마스터할 수 있었다.

그 시절, 사람들은 나더러 도대체 왜 그렇게 바쁜 와중에 중국어까지 공부하느냐고 묻곤 했다. 당시 나는 금융권에서 한창 잘나가고 있었고, 중국은 사람들의 관심권 밖이었다. 심지어 중국어를 공부하는 한국인도 많지 않았다. 그 당시 중국어 공부는 남들이 보기에 쓸모없는 일처럼 보였을 것이다. 구체적인 목표도 없이 순수하게 호기심과 관심 때문에 매달렸던 공부였으니까 말이다. 나는 그야말로 점을 뿌렸던 것에 불과했다.

이처럼 점 뿌리기는 일종의 자기계발이나 스펙 쌓기와는 본질적으로 다르다. 정확하고 구체적인 목표가 없기 때문이다. 점 뿌리기는 그저 어떤 관심사가 생겼을 때 일단 시도해보는 것, 관심과 영감을 무시하지 않고 조금씩 발전시키는 것에 가깝다.

지금 내가 뿌린 이 점이 나중에 다른 점과 연결되어 선이 될지 혹은 아무런 선이 되지 않은 채 그냥 점으로 존재하고 끝날지는 아무도 모르는 일이다. 하지만 점 하나만 있어도 그것은 그것대로 의미 있다는 생각, 나는 이것이 점 뿌리기의 핵심이라고 본다. 이런 생각이 아니었다면 나는 중국에 가겠다는 확실한 목표가 생겼을 때에야 비로소 중국어를 공부하기 시작했을 것이고, 그랬다면 정말 간절히 원하는 것이 있을 때 그것을 이루지 못했을 것이다.

또 이렇게도 생각해볼 수 있다. 뿌려놓은 점이 많아야 나중에 원하는 것이 생겨 선을 연결해야 할 때 가능한 선택지가 많아지지 않겠는가. 그런 점에서 중국 금융 업계의 심장으로 진출하는 길을 닦은 건, 다른 누구도 아닌 과거의 나였는지 모른다.

또 한 번, 반짝이는 곳을 향해

SK와 결별한 후, 다음 행보를 어떻게 이어갈까 고민하던 나는 자연스럽게 '이제 중국으로 가야겠다'는 생각을 하게 됐다. 어느 정도 경력이 쌓이고 보니, 다음에 무엇을 해야 할지 자연스럽게 커리어 지도를 그릴 수 있었다. M&A 업무를 다각도에서 모두 경험해본 나는 이제 새로운 형태의 일을 찾기보다 급성장하는 시장과 자본에 주목하게 된 것.

'그래, 중국이다!'

문제는 중국에 아는 사람도, 아는 회사도 없었다는 사실. 지금까지 그랬던 것처럼 직접 찾아가서 부딪치면 해결책이 있으리라 생각했는데… 아니었다. 중국은 달랐다. 여러 번 중국을 왔다 갔다 하면서 일을 찾기 위해 애썼지만, 길이 보이지 않았다.

그렇게 중국 회사에 가기 위해 고군분투를 하며, 나는 꽤 긴 시간 동안 반강제적 백수 생활을 이어갔다. 그사이 GE를 비롯한 몇몇 회사들로부터 잡 오퍼를 받기도 했지만, 중국 기업에 들어가기로 결심한 나로서는 쉽사리 마음이 움직이지 않았다.

그때야 깨달았다. 내가 지나온 길목마다 노력과 함께 행운이 따랐다는 것을. 그것을 모른 채 커리어만 믿고 내가 중국을 너무 만만히 봤던 것이다. 나는 맥킨지에서 골드만삭스로 생태계를 넘어갔던 그 시절, 초심을 떠올렸다.

이제 다른 방법, 다른 결단이 필요하리라. 중국에 가기 위해 이런저런 노력을 시작한 지 1년 2개월 만에 나는 아파트를 비롯해 우리나라에 가지고 있던 모든 것을 정리하고 베이징행 비행기에 올랐다. 그야말로 중국에 올인하기로 하고 배수의 진을 친 것이다. 18년 전 글로벌 금융이라는 미지의 영역에 도전해보겠다고 홍콩행 비행기에 올랐을 때와 같은 마음이었다.

말이 쉽지, 정말 힘든 결정이었다. 고국에서의 편안하고 안락한 생활을 정리한다는 것도, 아무런 연고도 없고 하다못해 입사 이야기가 진행된다든지 면접을 보기로 했다든지 한 회사도 없는 상태에서 무작정 중국으로 이사(!)를 감행한다는 것도 모두 두려웠다. 중국이 나에게 과연 기회의 땅일지 절망의 땅일지 알 수 없어 불안했던 것이다.

내가 더 이상 젊지 않다는 것도 나를 심란하게 만드는 이유 가운데 하나였다. 자칫 잘못해 중국에서의 구직 활동이 실패하기라도 하는 날이면, 업계에 나를 위한 자리가 남아 있을까 하는 불안한 생각이 머릿속을 떠나지 않았다.

'그래도 딱 한 번 사는 인생, 도전해보고 싶은 건 해봐야지. 그다음 일은 나중에 생각하자.'

정말 많은 고민이 나를 어지럽혔지만, 늘 그래왔듯이 이번에도 나는 반짝이는 곳을 향해 뚜벅뚜벅 걸어가 보기로 마음먹었다.

베이징에 도착한 그날, 이 거대한 도시는 역사상 최악의 먼지 폭탄을 맞아 글자 그대로 한 치 앞도 보이지 않았다. 내 미래 역시 마찬가지였다.

Life is not fair. Deal with it!

중국에서의 생활은 생각보다 더 만만치 않았다. 기숙사 생활을 하며 어학원을 오가다 보니 '이 나이가 되어서까지 편하게 못 사나' 싶어 한숨이 나왔고, 승승장구하는 동기를 보면 '내가 더 열심히 살았는데' 싶어서 속이 상했다. 남부러울 것 없어 보이는 사람도 그의 관점에서 보면 불만이 있듯이 그때 나의 눈에도 내가 못 이룬 것, 못 가진 것, 못 올라간 곳만 자꾸 보였다.

그러던 어느 날, 나는 우연히 미국의 코미디언이자 〈더투나잇쇼〉의 진행자였던 코난 오브라이언이 다트머스 대학교 졸업식에서 축사를 하는 영상을 보게 됐다. 그는 특유의 유머를 섞어가면서 이야기를 이어갔는데, 그중 한 부분을 소개하자면 대강 이런 식이었다.

"오늘 여러분은 특별한 것을 이뤄냈습니다. 여러분 나이 또래 미국인의 92퍼센트만이 얻을 수 있는 것, 대학 졸업증을 받은 거죠. 그렇습니다. 여러분은 이제 엄청난 우위에 서 있는 것입니다. 노동 인구 중 8퍼센트에 비해 말이죠. 그리고 그 8퍼센트는 빌 게이츠, 스티브 잡스, 마크 저커버그처럼 자퇴한 루저들을 말합니다. 여기 오신 학부모님들께도 조언 하나 드리죠. 지난 4년간 자녀를 보지 못한 부모님들도 있을 겁니다. 하지만 지금부터는 매일 보실 수 있을 겁니다. 왜 와이파이가 안 되냐면서 매일같이 지하방에서 올라올 테니까요. 자녀가 순수예술이나 철학을 전공했다면 걱정하셔도 좋습니다. 그들이 직업을 구할 수 있는 유일한 곳은 고대 그리스일 테니까요. 순수예술, 철학 전공자들에게 행운을 빕니다."

시종일관 냉소적인 미국식 유머를 섞어가며 이야기하던 오브라이언은 후반에 이르러 자기 경험담에서 나온 교훈으로 끝을 맺는다.

하지만 25분쯤 되는 이 연설에서 내 마음을 사로잡은 이야기는 다소 평범하게 들릴 수 있는 것이었다. 바로 다음과 같은 내용이었다.

"졸업 축사자로서 제가 하고 싶은 첫 번째 이야기는 삶이 공평하지 않다는 것입니다. 여러분은 지난 4년 동안 쉴 새 없이 노력했을 거예요. 이번 주말에 받을 졸업증을 위해서요. 참 대단하네요. 그리고 다트머스 대학은 제게도 학위를 줍니다. 〈트와일라잇〉의 네 번째로 비중 있는 캐릭터를 인터뷰했기 때문이죠. 받아들이고 헤쳐가세요. 삶이 공평하지 않다는 또 다른 예를 들어볼게요. 만약 지금 여기 비가 온다면 힘 있고 돈 많은 사람들에게만 텐트를 쳐줄 거예요. 받아들이고 헤쳐나가세요."

'Life is not fair(세상은 공평하지 않다)' 'Deal with it(받아들이고 헤쳐나가라)'은 그가 이 연설에서 전하고자 하는 주된 메시지는 아니었다. 하지만 지극히 평범한 이 두 문장이 내게는 그 어떤 말보다 위로가 됐다.

하버드 대학교에서 역사와 문학을 전공한 코난 오브라이언은 스물다섯 살 때 드라마로 데뷔한 뒤 오랜 무명생활을 했다. 모르긴 몰라도 오브라이언이 가진 지식과 하버드 졸업장은 영화계와 방송계에서 큰 도움이 되진 않았을 것이다. 하지만 그는 업계 사람들에게 자신을 맞춰나갔고, 스스로의 가치를 끌어내 입증했으며, 자신에게 마침맞은 역할을 찾아냈다. 그 결과, 오브라이언은 현재 미국에서 가장 인기 있는 코미디언 중 한 사람이자, 가장 인기 있는 토크쇼의 호스트가 되었다. Life is not fair. Deal with it. 이 말은 단순히 불공평한 현실을 받아들이고 자기합리화를 하라는 것이 아니라, 그걸 핑계 삼지 말고 자신의 삶을 헤쳐나가라는 뜻인 것이다.

오브라이언의 다트머스 축사 영상을 본 뒤, 일이 풀리지 않아 답답하거나 세상이 나를 불공평하게 대한다는 느낌이 들 때면 내 입에서는 그가 했던 말이 흘러나왔다.

"Life is not fair. Deal with it."

인생의 큰 그림을 그려라

열심히 공부했고, 열심히 일했고, 열심히 살았는데, 삶이 잘 안 풀리는 친구들이 있을 것이다. 왜 세상은 내게 이토록 가혹한가, 패배의 경험을 곱씹다 보면 힘이 쭉 빠지고 아무것도 이뤄내지 못할 것 같은 막막함도 들 것이다. 하지만 어쩌겠는가. Deal with it.

젊은 친구들이라면 시도하고 도전하는 것이 말처럼 쉽지 않을 것이다. 인맥도, 경력도, 경험도, 노하우도 없을 테니까.

그래서 이들은 자리 잡으면 나아질 거라고, 연륜과 경험이 쌓이면 지금만큼 힘들지 않을 거라고 생각한다.

하지만 첫 단추를 꿰기가 어렵다고 해서 그게 꼭 마이너스는 아니다. 반대로 생각하면 경력 많고 이력이 화려한 사람은 높은 연봉 때문에 회사 입장에서 채용하기가 부담스럽다. 오히려 연봉은 상대적으로 낮으면서 열정과 투지로 똘똘 뭉쳐 있는 20대가 갈 만한 자리가 훨씬 많다.

어려움이 특정한 시기에만 있다는 생각을 버려야 한다. '지금 내가 처해 있는 상황이 이러저러하기 때문에 힘들다'는 생각은 인생의 어떤 순간에도 도움이 안 된다. 어렵고 힘든 것은 인생의 일부다. 살다 보면 지속적으로 어려움이 찾아온다. 이제 좀 살 만하다고 자리를 잡았다고 생각하는 순간 이전에는 생각지도 못한 어려움이 닥치고, 탄탄대로가 펼쳐졌다고 안심하는 순간 예기치 못한 위기가 생긴다. 그래도 어쩌겠는가. Deal with it.

어려울 때 되새겨야 할 것은 '자리 잡으면 괜찮아질 것'이라는 막연한 자기 위로가 아니다. 자신이 그리고 있는 큰 그림을 떠올려야 한다. 여기서 큰 그림이란 '의사가 되겠다' '대기업에 취직하겠다'와 같은 생각이 아니다. 큰 그림은 인생의 궁극적인 목표다.

내가 M&A라는 별을 발견하고 반짝이는 곳으로 달려갈 때, 나의 큰 그림은 '월스트리트에서 일하겠다' '연봉을 얼마 이상 버는 사람이 되겠다'가 아니었다. '나이가 든 뒤에도 여전히 글로벌한 일을 하겠다' '죽을 때까지 나의 커리어를 경신하며 살겠다'였다.

직업이나 직위가 큰 그림이 될 수 없는 이유는, 그것이 어느 시점이 되면 도달할 수 있는 대상이기 때문이다. 이루고 난 뒤에 더는 할 일이 없고, 이미 이룬 것을 현상 유지하면서 살아야 한다면 그것은 큰 그림이 아니다. 큰 그림을 그리려면 직업이나 지위가 아니라 행위에 초점을 맞춰야 한다.

다트머스 대학 졸업식에서 코난 오브라이언이 전하고 싶어 했던 진짜 메시지는 이것이었다. 나는 그의 이야기에 전적으로 동의한다.

"스물두 살에 당신이 정한 진로 계획이 서른두 살이나 마흔두 살에도 그대로이진 않을 것입니다. 우리의 꿈은 끊임없이 진화합니다. 저 역시 25년간 꿈을 향해 달려왔지만 제 나이 마흔일곱 살에 그 꿈은 바뀌었습니다. 제 목표는 〈더투나잇쇼〉를 진행하는 것이었습니다. 다른 이들처럼 저 역시 그 목표를 이루면 성공적인 코미디언이 될 것이라고 생각했습니다. 그러나 아닙니다. 어떤 직업이나 목표도 제가 누구인지 정의할 수 없고, 그건 여러분도 마찬가지입니다. 여러분이 지금 자신의 꿈이 무엇이라고 생각하든지 그 꿈은 바뀔 것입니다. 하지만 괜찮습니다. 이상향에 도달하는 것에 실패함으로써 우리는 결국 스스로가 누구인지 정의하게 되고, 그 실패가 우리를 특별한 존재로 만드니까요."

차이니스월을
넘어서

"누나가 투자 쪽 경력도 많고 M&A 전문이니까 전화 한번 해봐요. 중국어에 능통해야 하고 경력은 적어도 된다는데, 아무래도 누나한테 맞는 자리는 아니죠? 그래도 연습 삼아서 해볼 수 있지 않을까요?"

어느 날 리먼 브러더스에서 동료로 지냈던 교포 출신의 친구 스테판 신으로부터 전화가 걸려왔다. 이 친구는 이미 2008년 리먼이 파산하기 전에 회사를 그만두고 중국에 가 있었다. 그는 미리부터 중국의 가능성을 알아봤다. 마치 20년 전에 우리나라가 금융의 불모지였던 것처럼 중국이 그런 상황이라고 본 것이다.

그는 중국어를 한마디도 못하면서 중국에 가서 중국어를 배우고 결국 상하이에 있는 선물거래소의 어드바이저, 일종의 중국 공무원이 됐다. 폐쇄적인 중국 사회에서 외국인이 억대 연봉을 받으며 금융 계통의 공무원으로 일한다는 것은 실로 대단한 일이다. 그런 대단한 친구가 중국 안방 보험에 자리가 났으니, 지원을 해보라고 연락을 준 것이다.

40대의 중국 회사 취업 도전기

인사 담당자에게 전화를 했더니, 그쪽에서 당장 위챗WeChat (중국 최대의 IT 기업 텐센트가 출시한 모바일 메신저. 우리나라에서 흔히 쓰는 카카오톡을 떠올리면 된다. 중국에서는 위챗이 카카오톡만큼이나 활성화되어 있다)으로 화상 인터뷰를 하자고 제안해왔다. 갑자기 화상 인터뷰라니! 하나도 준비가 되어 있지 않았다. 베이징에 간 지 2달밖에 안 됐을 때였다. 중국어를 하기는 했지만 자신 있는 수준은 아니었다.

게다가 경험상 언어에 능통하지 못했을 때 전화 인터뷰나 화상 인터뷰는 굉장히 진행하기 어렵다. 그야말로 위기 상황. 중국어 실력이 부족하다고 얘기를 해야 할까 고민하다가 위챗으로 담당자와 대화를 시도했다.

"저 지금 베이징이니까요, 회사로 찾아가겠습니다. 만나서 얘기하시죠."

"그냥 화상 인터뷰면 돼요. 중국은 다 그렇게 해요."

결국 담당자에게 사실대로 털어놓을 수밖에 없었다.

"사실 중국어 대화는 되지만 일 얘기를 중국어로 할 만한 실력이 안 돼요. 만나서 이야기했으면 해요."

"흠…. 그럼 오세요. 여기 통역할 사람도 많으니까요."

안방 보험의 본사는 베이징 구어마오 지역의 제일 큰 길에 자리 잡고 있었다. 나는 옷매무새를 가다듬고 크게 심호흡을 한 뒤, 검정색의 웅장한 쌍둥이 빌딩 로비로 들어갔다. 보통은 로비에서 기다리면 담당자가 와서 사무실이나 회의실로 안내하므로 당연히 그럴 것이라고 생각했다. 그런데 담당자의 말이 그냥 로비에서 기다리라는 것이다.

그곳은 그냥 평범한 빌딩의 로비가 아니었다. 두 군데로 나뉜 로비 중 한 곳에 굉장히 많은 사람들이 줄지어 앉아 있었다. 거기에서 한 강사가 보험 영업에 관한 교육을 하고 있었는데, 마이크를 잡고 떠드는 남자의 성량이 너무 커서 귀가 따가울 지경이었다.

어수선한 분위기 속에서 얼마간 기다리자 드디어 담당자

가 나타났다. 긴 머리에 세련되게 잘 꾸민 젊은 여성과 통역을 담당하는 키 크고 잘생긴 남성. 문제는 시끄러운 강연이 이어지고 있는 로비에서 대화가 진행됐다는 것이다. 게다가 인사 담당자와 통역 담당자 모두 억양이 부드럽고 조용한, 이른바 '소프트 스포큰soft spoken'이었다.

'저들이 이야기를 많이 하도록 내버려두면 안 되겠다.'

가뜩이나 중국어가 안 들리는 와중에 말이 길어지면 내가 이야기할 기회를 영영 놓칠지도 모른다는 절박함이 나를 감쌌다. 내가 중국어를 얼마나 할 수 있는지 보여주는 게 먼저였다. 그들의 말이 잘 안 들리는 와중에 나는 내 소개를 하기 시작했다. 보통의 면접에서 할 법한 평범한 소개였다. 내가 어떤 경력을 가졌으며 왜 이 회사에 오고자 하는지 그리고 내가 어떤 딜을 할 수 있는지에 대해 이야기했다.

소개를 들은 담당자가 다시 물었다.

"안방에 대해서는 좀 아세요?"

말로만 듣던 차이니스월

나중에 안 사실이지만, 인터뷰를 진행했던 담당자는 내가 중국어로 했던 소개에는 별 관심이 없었다. 담당자는 그냥 내 얼굴을 보러 그 자리에 나온 것이었다. 그리고 그날의 인터뷰는 내가 생각한 것과 크게 달랐다. 나는 중국 기업의 잡 인터뷰도 미국식과 크게 다르지 않을 것이라고 예상했다. 그런데 그게 아니었다.

보통 미국식 인터뷰에서는 해당 기업에 관해 궁금한 것이 있으면 질문을 한다. 그러면 정보를 얻고 그 회사의 전략을 파악하고 사업에 관해 나 나름대로 구상을 할 수 있다. 그런데 이 담당자는 오직 공개되어 있는 피상적인 정보만 제공할 뿐이었다. 그럼에도 나는 질문을 멈추지 않았다.

"안방은 한국에서 어떤 분야에 투자하고 싶어 하죠? 관심 분야가 어느 쪽인지 궁금합니다."

이어진 담당자의 대답은 놀라웠다. "몰라요"도 아니고 "알려줄 수 없습니다"였다.

"당신은 우리 사람이 아닙니다."

전혀 예상치 못한 답변에 어안이 벙벙했다. 알고 보니 이것은 안방만의 특이점이 아니었다. 다른 중국 회사를 만났을 때도 다 똑같았다. 그나마 영어로 대화할 때는 조금 정보를 공개하는 듯한 분위기인데, 중국어로 대화하면 중국 특유의 폐쇄적인 성향이 그대로 드러난다. 이것이 말로만 듣던 '차이니스월^{Chinese wall}(원래는 중국의 만리장성을 의미했지만, 최근에는 기업의 내부 정보 교환을 금지하는 장치나 제도를 지칭한다)'이었다. 중국인들의 성향이 은밀하고, 자신들만의 벽을 많이 친다는 얘기는 여기저기서 들었지만 직접 체감한 것은 그때가 처음이었다.

한국에 한옥이 있다면 중국에는 사합원^{四合院}이 있다. 사면으로 되어 있는 집인데, 마치 감옥처럼 막혀 있는 가옥 구조가 비밀 많은 중국인들의 성향을 그대로 반영한다. 소위 말하는 차이니스월에 맞닥뜨리면 이 사합원에 들어가 있는 것과 비슷한 느낌이 든다.

차이니스월은 월스트리트에서도 통용되는 단어다. 나처럼 딜을 하는 사람들이 주가에 영향을 미칠 수 있다는 이유로 주식이나 채권을 거래하는 부서에 어떤 정보도 흘리지 않는 것, 철저하게 기밀을 유지하는 것을 일컬어 차이니스월이라 부른다. 함부로 넘어서도 안 되고, 넘어와서도 안 되는 벽. 그 용어의 유래를 알 것 같았다.

나중에 안 사실이지만, 나와 인터뷰를 했던 그분은 인사 담당이라서 투자에 대해 전혀 모르는 사람이었다. 모르지만 모른다고 대답하지 않고, 그냥 알려줄 수 없다고 한 것이다.

중국에서 경험치가 쌓인 다음에야 나는 '알려줄 수 없다'

는 말에 여러 가지 의미가 내포되어 있을 수 있다는 사실을 알게 되었다. 몰라서 알려줄 수 없을 수도 있고 혹은 알려주기 싫어서, 외부 사람이니까, 단순히 배타적인 성향 때문에 알려줄 수 없다고 하는 경우도 있다.

중국 사람들과 일을 하다 보니, 그들이 대부분 잘 모르거나 생각해보지 않았을 때 알려줄 수 없다고 이야기한다는 사실을 눈치챌 수 있었다. 그래서 판단을 잘 해야 한다. 이 부분은 중국 사람과 비즈니스를 할 때 가장 중요한 요소라 해도 과언이 아니다.

대륙의 기질은 만만디?

1시간 반 동안의 인터뷰가 끝나고 나는 내가 중국을, 중국인을 너무 몰랐다는 생각이 들었다. 중국 사람들이 어떻게 행동하고 의사결정을 하는지 파악이 되어 있지 않았다.

"연락드릴게요."

인사 담당자는 짧은 한 마디만 남기고 인터뷰를 끝냈다. 여러모로 만족스럽지 않은 만남이었다.

다행히, 안방을 시작으로 곧 푸싱 그룹 등 다른 회사들과도 인터뷰가 차근차근 잡혔다. 호니 캐피털도 그중 하나였다. 호니 캐피털은 중국의 가장 큰 사모펀드였다. 이곳에서 실질적인 CEO 역할을 하는 사람과 중요한 직책을 가진 파트너를 차례로 만날 수 있었다.

그런데 이들은 하나같이 나에게 질문만 하고, 정보를 얻어가려고만 했다.

"호니의 전략은 무엇이고, 한국에서 어떤 비즈니스를 펼칠 계획이죠?"

역으로 내가 이렇게 질문하면 시원한 답이 나오지 않았다.

이러한 방식은 나를 혼란스럽게 했다. 말했듯이, 미국 기업은 인재를 뽑을 때, 부서의 전략과 대략의 그림이 모두 나와 있다. 각 부서의 전략과 함께 1년간 쓸 수 있는 총 예산과 인원 규모 등에 관한 정보를 공유해준다. 그런데 중국 기업은 그렇지 않았다.

알고 보니, 이런 상황이었다. 중국 기업은 우리나라에 관심은 있지만, 실제로는 우리나라에 대해 잘 몰랐다. 그래서 외부 정보가 필요한데 기본적으로 외국 사람을 신뢰하지 않았고, 그렇다 보니 경력 많은 한국 사람인 내게 업계의 정보만 빼가려고 했던 것.

이런 지지부진한 상황 속에서, 이메일을 보내고 또 보내도 답장이 없었다. 비서에게 전화를 해도 받지 않고 답도 없었다. 직접 만나러 가겠다고 해도 연락이 닿지 않았다. 이런 상황이 몇 달씩 계속됐다. 중국의 '만만디慢慢的(중국인의 특성을 이야기할 때 많이 사용되는 단어로, 무엇이든 천천히 느긋하게 움직이는 것을 말한다)'라는 게 이런 것인가? 무엇이든 빠릿빠릿하게 진행되는 일이 없었다.

나중에 안 사실인데, 중국 기업 측에서 답이 없는 이유는 다음과 같았다. 잘 모르거나, 중요하지 않거나, 우선순위가 아니거나, 자기에게 관련 권한이 없거나. 이러한 사실을 알게 되기까지 정말 한참의 시간이 걸렸다. 그리고 그 사실을 알고 나서는 나도 그들에게 더 이상 연락을 하지 않았다.

예전의 나였다면 수도 없이 연락을 하고 직접 찾아갔을 것이다. 그런데 그렇게 하지 않았다. 내가 생각한 것 이상으로 지리멸렬한 과정이 기다릴 것이고 그것을 견디는 것은 오롯이 내가 감당해야 할 몫이라 생각하며, 마음을 가다듬었다. 진정으로 중국에서 일하고 싶다면 받아들이고 인내해야 할 부분이었다. 그렇게 생각하니, 조금 홀가분하기도 했다.

나는 여행을 다녀오기로 했다. 중국의 시골 지역을 두루 돌아다니며 현지 중국인들과 교감하고 많은 대화를 나눴다. 그 과정에서 의도치 않게 중국어가 엄청나게 늘었다. 몇 주간의 여행을 마치고 돌아온 뒤에는 중국어에 매진했다. 중국어에 더 능통해지기 전까진 일자리를 소개받지 말아야겠다고 다짐했다. 중국어는 어설프게 하고 영어만 유창하게 하다가는 중요한 사람들을 소개받더라도 좋은 인맥으로 남을 것같지 않았다. 그들에게 '영어만 좀 할 줄 아는 사람'으로 기억되고 싶진 않았다.

그날도 여느 날처럼 중국어 수업을 듣고 있었다. 오전 수업이 끝나고 잠깐 쉬는 시간이 있었다. 무심코 위챗을 확인했는데, 난리가 난 게 아닌가? 부재 중 전화도 여러 통 와있었다. 전화를 건 사람은 쌍둥이 빌딩의 로비에서 잡 인터뷰를 진행했던, 안방의 그녀였다!

중국 재벌 그룹의
유일한 외국인 임원

　　"빨리 오셔서 부회장님과 인터뷰를
진행해야 합니다. 연락주세요."

　　나는 위챗 메시지를 확인하자마자 전화를 걸었다. 담당자
는 다음 단계가 부회장과의 인터뷰라서 어서 빨리 진행해야
한다고 말했다. 부회장은 내가 안방에서 일하게 되면 직속
상사가 될 예정이었다. 그런데 자그마치 1달이나 감감 무소
식이지 않았던가?

　　"부회장님께서 외국 출장 중이셨거든요. 지금 막 중국으로
돌아오셨어요. 1시부터 딱 1시간밖에 여유가 없어요. 지금
아니면 못 만나니까 빨리 오세요!"

중국 자본의 내부로 들어가다

난감한 노릇이었다. 갑자기 부회장과의 인터뷰라니!

일단 중국어 선생님에게 사정을 이야기하고 수업 중간에 부리나케 집으로 돌아왔다. 검정색 긴팔 재킷, 검정색 바지, 검정색 구두를 꺼냈다. 중국으로 건너올 때 나는 우리나라에서 안 입던 옷만 골라 가져왔다. 대충 입다가 버릴 요량으로, 후줄근한 티셔츠에 바지만 잔뜩 가져왔던 것이다. 유일하게 가져간 검정색 슈트, 그마저도 없었다면 큰일 날 뻔했다.

지난번 만났을 때 인터뷰를 했던 쌍둥이 빌딩 로비에 도착했다. 인사 담당자와 통역 담당자를 다시 만났다. 두 번째 만남에서 그들은 한층 더 젊고 세련돼 보였다. 실제로 안방에 있는 모든 사람들이 20대 혹은 30대 초반이다. 40대조차 없었다.

그들을 따라 빨간색 카펫에 금색으로 꾸며진 엘리베이터를 타고 이그제큐티브 플로어executive floor, 즉 임원들이 있는 층으로 갔다. 처음으로 안방 내부에 발을 딛는 순간이었다.

뜻밖에도 복도는 좁고 음침했다. 안내 데스크도 하나 놓여 있지 않았다. 복도를 지나서 임원실로 들어갔는데, 조금 과장하면 운동장마냥 컸다. 창문 앞에 놓인 커다란 소파에 부회장이 앉아 있었고 반대편에 작은 책장이 하나 놓여 있었다. 그 외에는 어떤 장식이나 인테리어 소품도 없었다. 로비에서부터 임원실까지, 돈을 한 푼도 들이지 않는 중국 특유의 검소함이 물씬 느껴졌다.

부회장과 나, 인사 담당자와 통역 담당자가 모두 자리에 앉았고 인터뷰가 시작됐다. 첫 번째 인터뷰 때보다 중국어가 유창하게 나와서 예감이 좋았다. 통역이 필요 없을 정도였다.

질문 없는 인터뷰

나는 부회장 앞에서 다시 한 번 자기소개를 시작했다. 왜 중국에 왔고, 또 내가 안방에서 무엇을 할 수 있는지, 어떤 전략을 가졌는지 이야기했다. 그런데 한참 이야기를 하다 보니, 부회장이 내 말을 제대로 듣고 있지 않다는 것을 알 수 있었다. 게다가 그는 툭하면 내 이야기를 중간에서 잘라먹었다. 또다시 첫 번째 인터뷰 때처럼 무언가 원하는 것이 어긋나는 듯한 기분을 느꼈다.

결정적으로, 부회장은 나에 대해 어떤 질문도 하지 않았다. 할 수 없이 이번에도 내가 먼저 질문을 하고 나섰다. 그가 어느 분야에 관심이 있는지, 내가 지금껏 성사시킨 딜 중에서 어떤 쪽에 특별히 관심이 가는지 물었다. 그러면 다음번에 만날 때 그 분야에 대해 더 준비를 해오겠노라는 말도 덧붙였다. 그랬더니 그는 이렇게 말했다.

"우리 전략이나 관심사는 당신한테 얘기해줄 수 없어요."

기가 막힐 노릇이었다. 인사 담당자에게 비슷한 말을 들었을 때와는 비교도 할 수 없을 만큼 답답했다. 이 사람은 장차 내 상사가 될 사람이고 아시아에서 투자를 담당하는, 회장을 제외하고 직급이 가장 높은 사람인데! 대신 그는 예상치 못한 부분에 관심을 보였다.

"일본에서 잠깐 살았다고요?"

부회장은 중국은행Bank of China 출신으로 나이가 74세였다. 벌써 20년 전에 일본에서 세련된 선진 문화를 모두 체험한 사람이었다.

"내가 영어는 못 하지만 일본어는 잘 해요. 일본어로 얘기해봐요. 중국어가 안 되면 일본어로 해도 돼요."

나는 이미 중국어로 이야기하고 있었고 심지어 잘하고 있었는데, 뜬금없이 일본어라니! 중국어를 처음 배울 때 단어가 떠오르지 않으면 중국어 대신 일본어가 튀어나오곤 했다.

일본어쯤이야 쉽다고 생각했는데 막상 일본어를 하려니까 이번에는 중국어가 나오는 게 아닌가? 그동안 죽어라 중국어에만 매달린 부작용이었다.

"이제 중국어를 잘 하니까 그냥 중국어로 하겠습니다."

내가 거짓말을 한 셈이 된 건가 하는 생각이 들었다. 알고 보니 부회장은 나의 일본어 실력을 테스트하고자 일본어로 말해보라고 한 것이 아니었다. 그저 오랜만에 일본어를 해보고 싶었고, 그러면서 일본에서 쌓은 본인의 커리어에 대해서 자랑도 하고 싶었던 것이었다. 이제 와서 생각하면 안타깝다. 그때 만약 내가 일본어로 부회장과 대화를 나눌 수 있었다면 좀 더 화기애애한 분위기 속에서 인터뷰가 진행됐을 텐데. 어쨌거나 썩 만족스럽지 않은 상태에서 1시간 남짓한 인터뷰가 모두 끝났다.

당시에는 인터뷰가 엉망이라고 생각했지만, 꼭 그런 것만은 아니었다. 사실 부회장은 나의 실력이나 능력, 그간 쌓은 커리어를 판단하려고 나를 보자고 했던 것이 아니었다. 그보다는 직접 얼굴을 보고 내가 어떤 사람인지 파악하려는 게 목적이었다. 게다가 중국은행 출신인 그는 은행 업무만 알지, 투자에 대해서는 아무것도 몰랐다. 전문적인 딜을 해본 적이 한 번도 없어서 내가 무슨 이야기를 하는지 전혀 알아

듣지 못한 것이다.

이러한 사실을 몰랐던 그때는 인터뷰를 망쳤다는 생각에 마음이 무거웠다. 인사 담당자, 통역 담당자와 다시 로비로 내려왔다. 그런데 여기에서 진짜 황당한 일이 벌어졌다.

도대체 꽌시가 뭐라고

"다음 일정은 뭐예요?"

내가 담담하게 물었더니 인사 담당자가 대답했다.

"한국에서 마지막 직장이 SK였죠? 내일 당장 급여 통장의 3년간 입출금 기록을 모두 뽑아서 제출하세요. 은행에서 직접 받아서 도장도 찍어야 해요."

이건 또 무슨 소리란 말인가? 잘못 알아들었다고 생각하고 통역에게 다시 물었지만, 방금 들은 그대로였다. 너무 황당해서 아무 말도 할 수 없었다. 지금 막 부회장을 만났을 뿐이고, 정식으로 입사 제안을 한 것도 아닌데, 월급뿐만 아니라 모든 입출금 내역이라니. 너무나 무례한 요구에 화가 치밀어 오르는데, 티를 낼 수 없어서 억지로 참았다.

"SK에서 받은 연봉이 알고 싶으면 일단 알려줄게요. 서류는 정식으로 입사가 확정되면 그때 제출하고요."

그런데 돌아온 대답은 "안 됩니다"였다.

"그럼 근로소득 원천징수영수증을 제출할게요. 한국에서는 그게 제일 공신력 있는 자료예요."

인사 담당자는 그 서류를 누가 발행하느냐고 물었고, 내가 SK라고 대답하자 또다시 안 된다고 퇴짜를 났다.

"정부에서 발행하는 것도 아니고, 은행에서 발행하는 것도 아니잖아요. 절대 안 돼요. 은행 서류를 가져와요."

이 문제를 의논할 사람은 단 한 명뿐이었다. 내게 안방을 소개해줬던 스테판 신에게 연락을 해서 사정을 말했다. 그러자 그가 말했다.

"중국인들은 달라는 대로 그대로 해주지 않으면 다음 단계로 절대 안 넘어가요. 쌍방 간에 문제가 생겨도 서로 양보하는 게 아니고 자기네들이 진짜 원하는 건 무조건 밀고 나가요. 중국인하고 비즈니스를 할 때는 요구하는 그대로, 그 양식 그대로 해야 해요."

"그러니까 도대체 왜!"

나도 모르게 전화기에 대고 소리를 질렀다.

"그게 중국이에요."

말문이 막혔다. 그게 중국이라니!

"중국을 이해해야 해요. 알다시피 중국은 넓잖아요. 문서 사기가 엄청 많대요. 이 성에서 사기를 치고 저 성으로 도망가면 찾을 수도 없고, 밝혀낼 수도 없고, 시스템이 성끼리 연결도 안 되어 있어요. 그래서 '꽌시关系(우리나라 말로 치면 '인맥' 정도 되는데, 중국 내에서 그보다 훨씬 강력한 영향력을 발휘하는 개념)'가 중요한 거예요. A라는 사람의 능력이 100이고 B라는 사람의 능력이 50이라 쳐도, B가 아는 사람한테 소개받은 사람이면 B를 고용해요. 그게 중국이에요!"

차이니스월, 만만디, 이번에는 꽌시가 문제였다. 나는 안방에 꽌시로 간 케이스가 아니었다. 게다가 외국인이라서 누구도 나를 믿을 수 없었을 것이다. 그러니 3년 치 은행 자료는 그들 기준에서 위조할 수 없는, 믿을 만한 자료였을 것이다.

스테판은, 그러니까 당장에 서류를 제출하라고 했다. 자신이 추측하기로, 부회장이 나를 만나자마자 인사 담당자에게 채용하라고 지시를 내렸을 것이고, 그래서 이 모든 게 갑작스럽게 진행됐을 거라는 말도 덧붙였다. 중국인들의 만만디는 알고 보면 허울에 불과하며, 윗사람이 밀어붙이기 시작하면 진행이 빛의 속도로 빨라진다고도 했다. 결국 나는 은행에 가서 필요한 자료를 모두 가져와 안방에 제출했다.

다음 날은 토요일이었다. 8시에 일어나 위챗을 확인했는데, 5시와 6시에 각각 문자가 와 있었다. 휴일 꼭두새벽에 인사 담당자로부터 입사 제안을 받은 것이다. 더군다나 위챗으로! 우리나라로 치면 카카오톡으로 입사를 통보한 것이나 마찬가지였다.

나는 그렇게 온갖 좌충우돌 끝에 안방 보험 그룹 최초의 외국인 임원이 됐다. 중국뿐 아니라 해외 포함, 임원과 직원 통틀어 유일한 외국인 채용이었다. 그들은 당장 한국에 가서 딜을 따오라고 종용했고, 나는 서둘러 중국 생활을 정리했다.

매뉴얼 없는
회사에서 일하기

미국 금융 기업의 M&A와 중국 기업의 그것은 하나부터 열까지 너무나 다르다. 중국이 딜을 하는 방식에 대해서는 알려진 것이 거의 없기 때문에, 업계 사람들은 모두 이를 궁금해한다.

"중국 기업은 딜을 어떻게 해요?"

내가 알리안츠 딜을 하고 난 다음 가장 많이 들었던 질문이다. 중국과 사업을 하거나, 중국에 있는 한국 기업에서 일을 해본 사람은 있지만, 중국과 한국 회사와의 딜을 중국 측 내부자로 진행한 한국인은 내가 유일했기 때문이다.

알려진 대로, 규모 있는 M&A 딜의 경우 M&A 자문사가 상대 기업의 자문사와 함께 딜의 전 과정을 진행한다. 클라이언트는 오로지 자문사와 소통하고 중요한 순간에만 협상 테이블로 나온다.

그런데 중국은 많은 경우 '진정한' 의미의 자문사를 두지 않는다. 그 대신 딜의 중요한 과정에 직접 관여한다. 의심이 많아서 내부자가 아닌 사람들을 못 믿고, 은밀히 진행하는 딜의 정보가 국내 언론으로 새어나가는 것을 극도로 조심하기 때문이다.

알리안츠 딜도 마찬가지였다. 딜에 필요한 자료를 만들고 분석하는 한정된 역할만 하는 국내 증권사는 있었으나, 이들은 안방 보험 내부의 딜 의사결정이나 상대방 측과의 협상에서 모두 배제됐다. 미국 월스트리트 금융 회사에만 있던 사람이나 우리나라 기업의 사람들은 이런 중국의 딜 방식을 황당하게 여기며 받아들이지 못한다.

안방 보험과 알리안츠 생명의 딜에서, 알리안츠 생명의 자문사는 JP 모건이었다. 마침 JP 모건에서 이 프로젝트를 맡은 사람이 리먼 시절 함께 일했던 친한 후배였다. 그는 안방 보험의 황당한 요구에 기막혀 하면서 나에게 매일같이 전화를 걸어 불만을 쏟아냈다.

"왜 이러는 거예요? 일부러 이래요? 거짓말 아니에요?"

나를 신뢰하는 친한 후배인데도 통화를 할 때마다 화를 냈다. 그럴 만했다. 월스트리트 뱅커들은 중국을 이해하지 못한다. 그만큼 중국 기업은 터무니없는 가격과 조건을 내세운다. 때로는 무례하고 비이성적으로 일을 처리한다. 무엇을 원하는지 파악할 수도 없게 황당한 이야기를 늘어놓기도 한다.

중국 기업과 딜을 할 때는 이 황당함, 캄캄함을 극복해야 한다. 극복 방법은 오히려 간단하다. 중국 사람과 직접 관계를 맺거나, 중국 회사가 믿는 사람을 통해서 딜을 진행하거나, 둘 중 하나다.

그래서 이 딜에서 내가 맡은 역할이 매우 중요했다. 안방보험에서 원하는 것을 JP 모건에 그대로 제시할 수 없었다. JP 모건이 이해할 수 있도록 월스트리트 방식으로 바꿔서 제시하는 것이 내가 해야 할 역할이었다. 중국 본사에서 딜에 관여한 중국인은 한국을 몰랐기 때문에 실질적으로 나혼자서 딜을 진행한 것이나 마찬가지였다.

황제 회장과 중국의 자존심

안방은 종합보험업과 금융업을 주 사업 분야로 하며, 전 세계에 자산 335조 원을 가진 초대형 보험 금융 그룹이다.

차이나머니 공습이 시작된 뒤 안방은 국적을 막론하고 세계 여러 기업에 M&A와 투자를 진행했고, 이 중에는 전 세계 수많은 명사가 묵었던 뉴욕의 랜드마크 '월도프 아스토리아 호텔' 같은 초대형 딜도 있었다. 우리나라에서도 2015년 동양생명을 인수했고, 2017년에는 막대한 적자로 우리나라 시장에서의 철수를 저울질하던 알리안츠 생명을 인수했다.

중국 기업은 정말 미지의 곳이었다. 미국 스타일과도, 한국 스타일과도 너무나 달랐다. 예전 회사들이 비즈니스 플랜을 세우고 미팅을 하고 동의를 구하는 구조를 갖고 있었다면, 중국 회사에는 그런 계획과 절차가 없었다. 딜이 있을 때 의사 표시를 하지 않는 것도 너무나 의아한 부분이었다. 겪고 보니 그것도 중국만의 스타일로, 마음에 드는 것에는 "예스Yes"라고 하지만 마음에 들지 않는 것에는 "노No"라고 말하는 대신 아무 답변도 하지 않는다.

한마디로, 중국 회사에는 체계나 매뉴얼 자체가 없었다. '빡세기로' 유명한 직장을 거치며 혹독한 트레이닝을 거쳤다고 자부하는 나조차 안방에 들어간 이후 하루하루를 황당함에 허덕이며 보내야 했다.

혼돈의 최정점은 독일 기업인 한국 알리안츠 생명을 인수할 때 찾아왔다. 딜이 한참 진행되고 있는데, 우리 측 회장이 갑자기 양해각서MOU를 제출하지 않겠다고 나온 것이다. MOU를 정해진 기한 내에 내지 않는다는 것은 딜에서 빠지겠다는 의미다. 안방에 딜 독점권을 주지 않은 것이 자존심 상한다는 이유에서였다.

예상치 못한 전개에 놀란 나는 어떻게 해서든 딜을 끌어가기 위해 묘수를 고민했다. 회장이 이야기한 대로 독점권을 달라고 알리안츠 측에 요청하는 것은 있을 수 없는 일이었다. 이미 5개 회사가 딜에 참가하고 있었고, 그중 일부는 이미 상당히 높은 가격까지 제시한 걸로 파악됐다. 게다가 알리안츠 입장에서는 안방 한 군데와 딜을 진행하다가 만약 이것이 깨지기라도 하면, 기업 신뢰도에 치명적인 타격을 입을 수밖에 없었다. 시장에는 이것이 '알리안츠에 무슨 문제가 있을 수 있다'는 신호로 받아들여지기 때문이다. 그 타격은 고스란히 주가로 연결될 것이었다.

'우리 회장이 원하는 게 대체 뭘까?'

언제나 합리적으로 일을 처리하는 월스트리트 방식에 길

들여진 나였지만, 계속 합리성만 바랄 수는 없었다. 로마에 가면 로마법을 따라야 한다.

중국에는 꽌시와 같이 '미엔즈面子'라는 독특한 문화가 있다. 이는 체면을 중시하는 것으로, 중국인들은 목에 칼이 들어와도 체면이 깎이는 일은 절대 하지 않으려 했으며, 모든 일에서 대국의 자존심을 지키는 것을 우선시했다. 이번 문제의 본질도 실은 그 점에 있다는 데 생각이 미쳤다. 나는 독일 알리안츠 본사에 이런 제안을 했다.

"우리 회장님께서는 딜 독점권을 원해요. 그렇지만 그걸 해줄 수 없다는 걸 저도 잘 압니다. 그건 제가 저희 회장님을 잘 설득해서 없던 일로 할게요. 대신 이걸 좀 성사시켜주세요. 알리안츠 M&A 담당 이사회의 회장과 안방 회장의 베이징 미팅 그리고 악수. 그러면 우리 회장님은 알리안츠가 독점권은 못 줘도 그에 상응하는 신뢰를 보여줬다고 생각할 거예요."

물론 알리안츠 측도 처음에는 펄쩍 뛰었다. 왜 굳이 자신들이 중국까지 날아가 딜과 전혀 무관한 그런 행사를 해야 하느냐는 것이었다. 그러다 너희 회장이 독일로 와야 한다며 기싸움을 벌이기까지 했다.

"지금 딜에 참여한 회사들 가운데 우리가 가장 확실한 바이어라는 거 알잖아요. 우리에게 회사를 팔고 싶으시잖아요. 와서 악수 한 번만 하면 된다는데, 얼마나 쉬워요?"

나는 계속 설득을 시도했다.

"이런 사소한 자존심 싸움 때문에 딜이 깨진다고 생각해보세요. 당신들은 우리나라에서 사업 접고 나서도 이미 보험 계약을 마친 사람들을 수십 년간 챙겨야 합니다. 울며 겨자 먹기로 우리나라에 계속 직원을 두어야 하고요. 이미 일본에서 그런 경험이 있잖아요. 그 골치 아픈 짓을 또 반복하고 싶어요?"

알리안츠 측은 조금 흔들리는 듯했다. 그럼에도 시원하게 그리 하겠다는 답을 주지 않았다. 명색이 전 세계 최고의 보험사인 우리가 왜 굳이 중국까지 가야 하느냐는 것. 결국 자존심 싸움이었다. 나는 머리를 빙빙 굴리며 변명 아닌 변명을 꺼냈다.

"곧 춘절(우리나라로 치면 구정)이잖아요. 중국에선 춘절 전에 대기업 총수들이 무조건 베이징에서 대기해야 해요. 공산당이 언제든 총수들을 부를 수 있거든요. 지금이 마침 그 시기이니, 이번에는 알리안츠 측이 움직여주세요. 다음엔 저희가 꼭 갈게요."

내가 한 말이 모두 거짓은 아니었다. 춘절 전후로 중국 공산당이 대기업 총수들을 부를 수 있다는 것은 어디까지나 사실이었다.

"흠⋯. 어쩔 수 없죠. 상황이 상황이니만큼 이번엔 특별히 우리가 베이징으로 가겠습니다."

계속해서 난색을 표하던 알리안츠는 '어쩔 수 없는 상황'이란 명분이 주어지자 비로소 내 제안을 받아들였다. 깨질 뻔했던 딜이 극적으로 구제된 순간이었다.

모범생이 절대 못 하는 것

매뉴얼 없는 곳에서 리스크를 안고 일을 해낸다는 것은 무척이나 어렵다. 하지만 이렇게 생각해보자. 쉬운 길은 누구나 가려고 하기 때문에 경쟁이 치열하다. 반면, 어려운 길은 가려는 사람이 극히 드물어 경쟁을 별로 하지 않아도 된다. 그래서 매뉴얼 없는 곳에서는 원하는 것을 얻어낼 확률이 더 높다.

우리나라에서 이른바 '모범생'으로 살아왔던 학생들이 사회에 나왔을 때 정말 못 하는 일이 있다. 바로 정해지지 않은 일, 그중에서도 자존심을 좀 굽혀야 하거나 측면으로 돌아가서 해야만 하는 일들이 바로 그것이다.

하지만 직장생활을 몇 년, 아니 1년만 해봐도 알 수 있다. 세상에는 생각보다 그렇게 합리적이고 효율적으로 해결할 수 있는 일이 많지 않다. 문제를 풀어가는 데 이성보다 감성이 더 주효할 때가 훨씬 많은 것이다.

우리나라 대학을 다니다가 덴마크로 간 후배도 그랬다. 전형적인 한국식 모범생인 그 후배는 덴마크에서 직업 학교, 우리나라로 치면 2년제 대학에 다녔다. 그리고 사회적 인맥도, 연줄도 없는 상태에서 인턴으로 들어갈 회사를 찾게 되었다. 작은 나라 덴마크에서 외국인에게는 특히나 어려운 일이었다. 그러다가 가장 들어가고 싶은 세계적인 오디오 회사 뱅앤올룹슨에서 인턴을 모집한다는 정보를 알아냈고, 그곳에 지원했다.

"아주 잘했어. 정말 대단하네."

나는 후배를 많이 칭찬해주었다. 이 녀석이 먼 타국에서도 자기 앞가림을 알아서 하는구나 싶어 얼마나 대견했는지 모른다.

몇 달이 지난 1월의 어느 날, 후배는 뱅앤올룹슨에서 떨어졌다는 소식을 전해왔다.

"12월에 연락을 주기로 했는데, 잘 안 됐어요. 그래서 작은 회사들 몇 군데에 더 지원했는데, 어느 가구 디자인 회사에서 연락이 와서 그쪽으로 가기로 했어요."

아쉬움이 묻어나는 후배의 목소리를 들으니 나도 안타까웠지만, 어쨌든 다른 회사에 합격한 것도 잘한 거라며 많이 격려해주고 축하해주었다.

그런데 통화를 한 지 불과 몇 주 뒤, 후배는 다시 전화를 걸어 와 뜻밖의 이야기를 꺼냈다.

"선배, 뱅앤올룹슨에서 이메일이 왔는데 왜 연락이 안 되냐고 하더라고요."

"뭐? 그럼 넌 지난 12월에 뱅앤올룹슨 측에 전화를 안 해봤던 거야?"

"그쪽에서 12월에 연락을 준다고 하고는 연락이 없어서, 떨어졌구나 생각했어요."

"그래도 연락을 해서 확인을 해봤어야지."

"음, 그럼 이메일에는 뭐라고 답장을 할까요?"

"답장을 왜 해, 빨리 전화 먼저 해!"

처음에는 이런 것까지 일일이 이야기해줘야 하나 싶었다. 하지만 다시 생각해보니 후배의 입장도 이해는 됐다. 우리나라 사회에서 자주 듣게 되는 '나대지 말라'는 말이나 '시키는 일이나 잘하라'는 말은 바꿔서 표현하면 '매뉴얼에 충실하라'는 뜻이기도 하다. 주어진 일, 시키는 일, 짜인 일만 잘 하면 되는 사회에서 지내다 보면 누구라도 그 밖의 일에 대해서는 생각하지 못하는 경우가 허다하다.

진짜 정보는 인터넷에 없다

내 생각에, 후배는 12월 담당자로부터 연락이 없었을 때 '당연히' 연락을 해서 합격 여부를 확인했어야 했다. 그전에 '당연하지 않은' 것도 시도해봤다면 좋았을 것이다.

담당자가 언제까지 연락을 주겠다고 했으면 그전에 미리 전화를 건다. 보완할 서류가 없는지 물어본 다음 있다고 하면 그것을 준비하고, 없다고 하면 내게 어떤 포트폴리오가 있는데 그것을 추가로 내고 싶다거나, 내가 진행한 프로젝트 중에 교수가 극찬한 것이 있는데 그것을 보여주겠다거나 하는 식으로 할 수 있는 노력을 최대한 해보는 것이다.

이렇게 되면 추가 자료를 준다는 핑계로 담당자를 찾아가 볼 수 있다. 또 포트폴리오에 대해 설명하면서 담당자와 대화를 나눌 수 있다. 만약 추가로 제출할 게 없더라도 담당자와 통화할 때 근처에 가게 되면 연락드려도 되겠느냐고 운이라도 띄워놓으면 어떨까. 그런 말에 안 된다고 하는 사람은 없다. 그리고 그다음 주쯤 일부러라도 찾아가 근처에 와 있다고 연락한다면? 담당자는 미안해서라도 진행 상황을 알려준다든지, 유리한 정보를 준다든지, 도움이 될 만한 이야기를 해줄 것이다. 상황에 맞는 방법을 찾아내 담당자와 대화하고 대면하는 것은 생각보다 훨씬 중요한 일이다.

요즘 세대는 면대면을 그리 좋아하지 않는다는 것을 나도 잘 안다. 메신저와 이메일에 단련된 아이들일수록 모르는 사람과 얼굴을 맞대고 이야기하는 것이 껄끄러울 것이다. 참 안타까운 일이다.

물론 메신저와 이메일만의 장점도 분명히 있다. 이야기를 차분하게 텍스트로 정리하다 보면 실수 없이 하고자 하는 이야기를 전달할 수 있으니까. 게다가 전송 버튼을 누르기 전까지는 계속 수정할 수 있으니, 얼마나 편리한가. 답장으로 상대방의 반응을 살펴볼 수도 있고, 그 반응을 체크한 다음 대처할 수 있는 시간을 벌 수도 있다. 나만 해도 폐쇄적인 중국 회사에서 일하던 동안에는 전화 통화를 최대한 미루곤 했다. 영어나 한국어만큼 중국어가 익숙지 않은 탓도 있었지만, 나 또한 위에 언급한 것과 같은 이유로 이메일과 메신저를 선호했기 때문이었다.

그러나 진짜 필요한 정보는 그렇게 얻어지지 않는다. 인터넷에 나와 있는 정보는 최소한 다섯 다리 이상을 거친 것이라고 보아야 한다. 그중에는 남의 이야기를 자기 이야기인 양 올린 것도 많고, 이미 유효기간이 지난 오래된 정보도 허다하다. 때문에, 현재 그 직장에서 일하는 사람을 직접 만나야 정확성과 질에 있어서 월등한 정보를 얻을 수 있다. 어떤 일에 도전할 때 성공 가능성을 높이는 것은 다름 아닌 이런 '진짜 정보'다.

매뉴얼에 없는 일을 하는 것은 취업을 위해서만 필요한 게 아니다. 본격적으로 일을 시작한 다음에도 매뉴얼이 없는 상황에서 방법을 찾아야 하는 일이 끊임없이 생긴다. 결국 문제 해결 능력이란 매뉴얼이 없을 때 대처하는 능력이라고 봐도 무방할 것이다.

그런데 사회가 정해놓은 틀에 맞춰 열심히 공부하고, 그렇게 공부했을 때 갈 수 있는 길을 바르게 걸어온 사람에게는 오히려 '바른 생활'이 독이 되어, 매뉴얼 없이 일하는 게 쉽지 않다. 불쑥불쑥 튀어나오는 예상치 못한 암초를 만날 때마다 어떻게 해야 할지 몰라 허둥지둥하기 다반사다. 학교에서는 그럴 때 어떻게 하라고 아무도 가르쳐주지 않는다. 그러다 보니 호기롭게 그 암초와 정면 승부를 보겠다고 나섰다가 무참하게 깨지기도 하고, 어떤 암초인지 알아보려 신중하게 두드려보았다가 되레 역공을 당하기 일쑤다.

사회생활은 예측 불가능한 상황의 연속이다. 내 마음같지 않은 문제들이 줄줄이 발생한다. 그럴 때 교과서에서 배웠던 대로만 하려고 해서는 절대 문제가 풀리지 않는다. 때로는 정해지지 않은 길로도 가야 한다. 길이 없다면 길을 어떻게 낼 것인지 고민해봐야 한다.

안방과의 이별
그리고

숱한 우여곡절 끝에 알리안츠와의 딜이 2월 초, 춘절 직전에 큰 산을 넘었다. 그리고 2달 반 만인 4월 말이 되어서야 딜이 성사되고 공식 발표가 있었다. 이 사이에 필요한 협상은 독일 본사와 직접 소통하며 해냈다.

새벽이면 독일 본사에 연락하고, 낮에는 베이징의 안방과 연락을 하느라 고생이 이만저만이 아니었다. 그 2개월 동안 체중이 쭉쭉 줄었다. 그전까지 내 평생 체중이 그 정도였던 것은 발육이 덜 됐던 중학생 때 그리고 박사 논문을 썼을 때 두 번뿐이었다.

초대받지 못한 주역

그로부터 10개월 뒤, 아직도 잊을 수 없는 충격적인 그 사건이 일어났다. 나는 알리안츠 딜에 대한 우리나라 정부와 중국 정부의 승인이 떨어지고, M&A에 있어서 모든 절차가 끝나는 클로징 기념식이 곧 있을 것이라는 소식을 들었다. 그런데 이 소식을 안방이 아니라 다른 루트를 통해 전해 들었던 것이다.

좀 찜찜했지만 어쨌거나 그런 정보를 입수했으므로, 나는 베이징 안방에서 나와 소통하던 중국인 라이언에게 위챗을 보냈다. 그는 나보다 직급이 낮았는데, 당시 우리나라에서 이루어지는 딜에 관한 커뮤니케이션을 맡고 있었다.

"라이언, 클로징이 내일 모레라면서요. 언제 한국에 와요? 회장님도 오실 거고, 부회장님도 오시죠?"

내 질문에 대해 그가 보내온 답변을 보고, 나는 순간 머리가 멍해지는 것 같은 기분을 느꼈다.

"전 벌써 한국에 와 있어요."

'뭐라고? 한국에 와 있어? 그러면서 나한테 한 마디도 안 한 거야?'

게다가 마침 그때 나는 내 상사가 바뀐다는 통보를 받고 긴장한 상태였다. 새로운 상사는 안방 그룹 전체의 글로벌 보험 비즈니스를 이끄는 안방 보험의 일인자이자 부회장이었다. 그는 동양생명 이사회 의장이기도 했다.

문제는 또다시 중국 특유의 문제, 즉 연락이 되지 않는 사태가 발생했다는 것이었다. 기가 막혔다. 새로 상사가 된 부회장은 전화로도 연락이 되지 않았고, 이메일을 보내도 확인을 하지 않았다. 설상가상으로 그는 베이징에서 나를 인터뷰했던 부회장처럼 영어를 한 마디도 못 했다.

나는 다시 라이언에게 물었다.

"클로징 때 가도 되는 건가요?"

"그게……. 잘 모르겠어요. 부회장님께 여쭤보세요."

"부회장님은 계속 연락이 안 돼요. 전화를 해도 연결이 안 되는걸요."

"그럼 메일을 써보든가요. 나도 모르겠어요.'"

화가 나고 억울하고 답답했다.

'이 딜의 주역이 난데, 내가 이 어려운 딜을 성사시켰는데, 어째서 아무도 나를 초대하지 않았을까?'

그 생각만으로 견딜 수가 없었다. 나는 거의 이틀간 잠도 못 자고 그 이유가 무엇일지 골몰했지만 답을 찾을 수가 없었다.

'다른 사람도 아니고 내가 클로징에 초대를 못 받다니, 이게 말이 돼?'

나는 분노를 억누르고, 어떻게 해야 할지 고민했다. 그 결과, 아무도 날 초대하지 않았지만, 클로징 기념식이 열리는 날 회장과 부회장이 오기로 되어 있는 여의도의 알리안츠 본사에 직접 찾아가기로 결정했다.

회장과 새 상사를 만나다

지금도 그날의 살을 에는 듯한 추위가 생생하게 기억난다. 새벽부터 알리안츠 내부는 시끄럽고 분주했다. 회사가 인수됐고, 인수한 회사의 회장이 방문한다고 하니까 난리가 난 것이다. 나는 건물 1층 로비에 서서 아침 7시 반부터 회장을 기다렸다. 손과 발이 모두 꽝꽝 얼 지경이었지만, 초조하고 불안한 마음에 추위조차 느껴지지 않았다.

1시간쯤 기다렸을까. 경비원과 안내 데스크 직원이 내게 다가와 의아하다는 듯이 누구시냐고 물었다. 나는 민망한 마음을 억누르며 짐짓 당당하게 말했다.

"저, 안방에서 나왔습니다. 저희 회장님 오시죠?"

'안방 한국 대표'라고 찍혀 있는 명함을 내밀자, 그들은 나를 리셉션 데스크 뒤쪽으로 안내하며 추우니까 앉아서 기다리라고 배려해줬다.

얼마 뒤에 베이징에서 온 변호사와 이사회에 관계된 직원들 몇 명이 나타났다. 나는 그들 중 안면이 있던 직원에게 다가가 인사를 건넸다.

"안녕하세요, 오랜만이에요."

그때 그 심정을 어떻게 다 설명할 수 있을까? 이틀 동안 한숨도 못 자고 용기를 내어 찾아간 길. 초대받지도 않았고 약속도 하지 않은 채 로비에서 마냥 서서 기다렸는데, 막상 직원들이 나타나자 더 큰 불안감이 밀려들었다. 이 사람들이 나를 모른 척하고 그냥 지나치면 어떻게 하지? 여기 왜 왔느냐고 물으면? 오만 가지 생각이 한꺼번에 떠오르는 순간이었다.

"은영, 잘 있었어요?"

내 인사를 받은 직원이 웃으며 대꾸를 해주었다. 특별히 놀란 것 같지도 않았고, 아무렇지도 않은 말투였다.

"회장님은 언제 오세요?"

"곧 오실 거예요."

그 말에 안도하면서 다 같이 회장을 기다렸다.

회장이 오기 전에 나의 새로운 상사가 된 부회장부터 만났다. 그전에 한 번 본 적이 있어서 그런지 부회장이 로비에 나타나자마자, 한눈에 그를 알아볼 수 있었다. 나는 얼른 다가가 중국어로 인사를 건넸다. 그리고 제일 먼저 휴대전화를 내밀며 위챗을 연결해달라고 요청했다. 부회장은 내 다급한 요청을 들어주었다. 새벽같이 알리안츠에 찾아가 이뤄야 했던 목적 중 하나를 달성한 셈이었다.

탄력을 받은 나는 막간을 노려 내가 진행하고 있는 딜에 대해 이야기를 시작했다. 그런데 부회장은 들은 척도 하지 않았다. 나중에 안 사실이지만, 그는 보험 업계 출신이어서 딜에 대해서는 전혀 아는 바가 없었다.

얼마 지나지 않아서 커다란 밴이 도착했다. 그 안에서 회장이 내렸다. 알리안츠의 열댓 명쯤 되는 임원들이 모여 인사를 하고, 회장을 따라 우르르 엘리베이터를 타고 올라갔다. 그 틈에 나도 끼었다. 이그제큐티브 플로어에 있는 커다란 임원실로 들어가자 둥그런 테이블에 모여 앉은 임원들이 보였다. 가운데에 앉은 회장에게 임원을 1명씩 소개하는 시간이 이어졌다.

그런 다음 회장과 부회장, 임원들이 함께 점심을 먹는 자리에도 동행했다. 한식당에서 회장 옆자리에 앉아 아무 일도 없다는 듯 이야기를 나눴다. 일정 때문에 회장이 먼저 떠나고, 나는 그때야 비로소 부회장이 아직도 나와의 위챗을 수락하지 않았음을 깨달았다. 다시 부회장에게 수락을 해달라고 요청했고, 그와 겨우 위챗이 연결됐다. 위챗 하나 연결하기가 이렇게나 힘들다니. 그래도 나는 자존심을 누르며, 꿋꿋하게 버텼다. 심지어 부회장과 대화할 시간을 더 갖기 위해 동양생명까지 간다는 그의 차에 동승하겠다고까지 했다. 같이 차를 타고 가면서 나는 잠시나마 그와 대화를 나눌 수 있었다.

모욕 속에서 나를 지키는 법

그날은 내 인생에서 가장 비참하고 곤욕스러운 날이었다. 영원히 잊을 수 없을 만큼.

도대체 왜 이런 일이 일어난 걸까? 차분하게 생각해보니 내가 라이언과의 정치 게임에서 밀려서 그런 게 아닌가 싶었다.

알리안츠 딜이 성사된 후 클로징이 있기까지 나는 베이징에 자주 가서 직접 커뮤니케이션을 할 필요성을 느끼지 못

했다. 클로징까지 남은 일은 양국 정부의 승인을 받는 것뿐이었고, 그 밖의 남은 일은 베이징의 변호사들이 맡아서 진행했고, 나는 우리나라에서 새로운 딜을 찾느라 바빴기 때문이었다.

그런데 라이언은 그 시기에 베이징에서 회장과 커뮤니케이션을 하면서 꽌시를 만들고 입지를 다지고 있었다. 나의 이런 심증이 더욱 굳어진 것은 라이언이 한국 알리안츠의 CIO^{Chief Investment Officer}, 그러니까 자산을 운용하는 책임자로 들어갔다는 소식을 들으면서였다. 딜에 있어서 가장 큰 공을 세우고 새롭게 인수한 회사를 가장 잘 아는 사람이 CIO가 되는 게 당연한데, 라이언이라니. 라이언은 나보다 직급도 낮고 경험도 일천했으며 내가 없었으면 애초에 알리안츠 딜의 존재도 몰랐을 사람이었다.

나는 그와의 정치 싸움에서 완전히 밀렸음을 인정하지 않을 수 없었다. 이는 철저한 중국 관행이기도 했다. 능력 있고 공을 세운 사람이 있어도 결정권자가 믿는 사람이 우선이었다.

나는 지금도 가끔 그 일을 떠올린다.

'그 비참한 일을 당하면서까지 초대받지 못한 자리에 갔어야 했나?'

하지만 몇 번을 생각해도 그날 그곳에 가지 않은 것보다는 가서 현장을 보고 내가 겪은 일이 무엇인지 똑똑히 아는 편이 더 나았다고 생각한다. 아무도 몰라준다면, 내 인정은 내가 획득할 수밖에 없다. 내가 만약 그 자리에 나타나지 않았다면 회장과 부회장은 내가 그 딜을 성사시킨 사실도 몰랐을 것이다.

또 나는 정말로 회복하기 어려운 큰 상처를 받았을지도 모른다. 어쩌면 자존심에 너무 큰 상처를 입은 나머지, 그 길로 곧장 회사를 나왔을지도 모른다. 회사를 그만두는 것은 있을 수 있는 일이지만, 아무것도 알지 못한 채 상처만 받고 그만두는 것은 추후 나에게 계속해서 큰 타격을 입히곤 한다. 클로징에 초대받지 못한 이유가 무엇인지도 모르는 채 그곳을 나왔다면 내 상처받은 자존감을 무슨 수로 추스를 수 있었을지, 상상조차 하고 싶지 않다.

네버엔딩 스토리 중국

안방과 일하면서 온갖 고초를 다 겪은 내가 내린 결론은, 중국은 무서운 나라라는 사실이다.

주니어 시절에 겪은 좌절도 아니고 나 나름대로는 경험을 쌓을 만큼 쌓은 시니어라고 생각했는데, 그런 모욕적인 일을 겪고 보니 중국이 다시 보였다. 무엇보다 이 회사에서 외국인으로서 커리어를 쌓는 데 한계가 있을 것이라는 생각이 들었고, 그렇다면 안방에 장기적으로 머물러 있을 수 없겠다는 결론을 내렸다.

물론 나는 중국이 무서울지언정 두렵지는 않다. 무서움과 두려움은 다르다. 어떤 대상을 진정으로 알게 되면 막연한 두려움에서 벗어날 수 있다. 나는 이제 중국을 잘 알기 때문에 중국이 두렵지 않은 것이다. 나는 이것이 내가 겪은 실패와 좌절을 보상하고도 남을 만한 성과라고 믿는다.

이제 어렵게 습득한 노하우와 인맥을 활용해, 앞으로 더 크고 의미 있는 딜을 하고 싶다. 그런 의미에서 중국은 나와 여전히 연결되어 있고, 중국과 나의 관계는 과거완료형이 아니라 현재진행형이다.

"중국에 그렇게 당하고 지겹지도 않아?"

사람들에게 이런 말을 들으면 만감이 교차한다. 중국에 호되게 당한 것은 맞지만, 중국은 여전히 가슴 설레는 무대이기 때문이다.

조나단의 초대로 상하이에 갔을 때, 홍콩에서 함께 일하던 동료들이 모두 중국으로 떠났을 때, 골드만삭스의 기업 금융 전문가들이 중국의 국영 기업이자 석유 회사인 페트로 차이나를 처음 상장시켰을 때, 이 회사가 〈이코노미스트〉의 커버스토리를 장식했을 때, 자본 시장에서 중국의 막강함을 느꼈을 때. 그 순간들을 나는 아직도 생생히 기억한다. 리먼과 SK에 있을 때도 중국은 항상 의식하게 되는 존재였다.

"중국이 후진국이라는 생각을 버려라. 중국은 대단한 나라가 될 거야."

우리 세대는 영어가 제일인 줄 아는 분위기에서 자랐는데 부모님은 중국을 알아야 한다면서 우리 남매들에게 한자를 가르치셨다. 그때부터 중국은 내 삶을 관통한 테마라고 해도 과언이 아니다.

내가 잠재력 위에 실제적인 커리어를 쌓았듯 나와 함께 성장한 나라 중국. 나는 앞으로도 나와 함께 성장할 가능성이 있는 곳으로 갈 것이고, 그 기나긴 여정에 중국이 있을 것이라는 사실 하나만큼은 명백하다.

그전에는 회사를 그만두면서 '나를 또 원하는 곳이 있을까' 하는 불안감과 두려움에 휩싸이곤 했다. 그런데 이 정도 커리어를 쌓고 나니, 이제 내가 나아가야 할 길이 어슴푸레 보이기 시작하는 것 같다. 안방의 문을 닫고 나오면서 불안

감 대신 알 수 없는 설렘이 느껴졌던 것도 아마 이런 이유에
서였을 것이다. 골드만삭스에 출근했던 첫날처럼, 나는 여전
히 가슴이 뛴다.

점을 뿌릴 수 있는 청춘은
축복이다

성공을 꿈꾸는 청춘이라면 누구나 자신만의 브랜드를 창
출하고 싶어 할 것이다. 이미 성공의 아이콘이 됐고 하나의
브랜드가 된 셀럽들을 떠올리면서 말이다. 그런데 내가 책을
마무리하면서 강조하고 싶은 말은 오히려 나만의 브랜드를
만들기 위해선 너무 일찍부터 브랜드 만들기에 열을 올리지
않아야 한다는 것이다.

언뜻 들으면 모순적으로 들릴 것이다. 브랜드를 만들기 위
해 브랜드를 만들 생각을 말라니.

사실 이 말은 나만의 브랜드를 만들어야 한다는 강박에
휩싸여, 너무 일찍 성장판을 닫아버려선 안 된다는 뜻이다.

인생의 목표와 큰 그림은 중요하지만, 미리부터 자신을 규정하는 것은 위험하다. 항상 자신의 가능성을 가둬버리는 실수를 경계해야 한다. 특히 20~30대는 무한한 가능성이 열려있는 시기이고, 성공하기 위해서는 다른 무엇보다도 가능성이라는 최고의 강점을 살려야 한다.

이 과정에서 가장 중요한 것은 자신의 가치관을 믿고 따라가는 것이다. 만약 나의 가치관이 돈이었다면 나는 지금 전혀 다른 사람이 돼 있을 것이고 내 커리어도 상당히 달라졌을 것이다.

그런데 나는 여러 선택지 앞에서 단 한 번도 돈에 따라 커리어를 결정하지 않았다. 왜냐하면 내 가치관은 돈이 아니라 '마음이 움직이는 대로'였기 때문이다.

마음이 움직여서 택한 진로가 M&A였다. 여성인 데다 아시아인, 게다가 외국에서 산 적이 없고, 한국에서 대학을 졸업했으며, MBA 출신도 아니다. 당시 우리나라 회사에는 M&A 부서가 없다시피 했는데 마음이 움직인다는 이유만으로 그 세계에 발을 들였던 것이다.

하지만 일단 발을 들였으니 최고 아니면 안 되겠다고 생각했고, 때로는 경력을 깎아서라도 M&A 분야에서 인정받을 수 있는 최고의 회사를 선택했다. 철저하게 나만의 원칙과 가치관에 따라 움직인 것이다.

여기에서 또 한 가지 중요한 이슈가 등장한다.

'가치관에 따라서 움직이더라도 모든 사람이 원하는 방향으로 갈 수는 없다. 그렇다면 어떻게 해야 내가 원하는 곳을 향해서 갈 수 있을까?'

가치관이 확고하다고 해서 누구나 가치관대로 움직일 수 있는 것은 아니다. 나는 이 문제에 대한 대답을 '점 뿌리기'에서 찾았다.

앞에서도 말했듯 여러 가지 일을 경험해보고 나면 흩뿌려진 점이 조금씩 연결되어 선이 된다. 나는 20~30대 시절 내내 점을 뿌렸고, 그렇게 뿌린 점들을 지금에 와서야 비로소 조금씩 선으로 잇고 있다.

생각해보면 나는 청춘의 날들을 모두 점을 뿌리는 데 바쳤다. 미국 유학 중간에 일본으로 연구를 하러 갔던 것도 점을 뿌리기 위해서였다. 언어학 논문을 쓰는 데 일본어가 반드시 필요한 것은 아니었다. 다만 일본어를 잘하고 싶었고, 일본에 관해 여러 가지 경험을 해보고 싶었다. 일본에서는 학교에서 따돌림을 당하기도 하고 환율이 떨어져 경제적으로도 매우 어려웠다. 하지만 그때의 경험이 나를 더 단단하게 만들었다.

일본 생활을 마친 후에는 곧장 미국으로 가지 않고 우리 나라로 돌아왔다. 그리고 삼성전자에 지원해 3개월 동안 인턴으로 생활했다. 당시엔 삼성전자가 지금처럼 인기 있는 직장도 아니었는데, 그때도 우리나라 기업을 경험해보고 싶은 마음에 무작정 인턴 시험을 봤던 것이다.

　그다음으로는 중국이 점 뿌리기의 대상이 됐다. 중국은 중국어 공부부터 시작해 내가 가장 오랜 시간, 공들여서 점 뿌리기를 시도했던 대상이었다.

　무엇에 대해 점을 뿌릴 것인가 하는 문제는 당사자에게 달렸다. 점을 뿌리는 대상은 다양할수록 좋다. 중요한 것은 점 뿌리기를 지속적으로 해나가는 꾸준함과 인내다. 당장에 성과가 드러나지 않는다고 해서 그만두지 않고 계속해서 마음이 가는 대로, 가치관에 따라 고집 있게 하고 싶은 일을 해나갈 수 있어야 한다.

　나중에 도움이 될지 모른다는 생각에 하기 싫은 일을 억지로 하라는 것이 아니다. 그게 무엇이 됐든 점 뿌리기의 대상은 내 심장을 뛰게 하는 것이어야 한다. 바쁜 시간과 부족한 체력을 쪼개서도 즐겁게 할 수 있을 만큼, 나에게 맞고 재미있어야 한다. 그렇지 않으면, 나중에 그 점이 선으로 이어진대도 그 길을 오래 걸을 수 없다.

그 점들이 선으로 연결되는 때가 언제 올지에 대해서는 섣불리 답을 할 수 없다. 그 언제는 생각보다 훨씬 늦게 올지도 모른다. 한 가지 분명한 것은 점을 꾸준히, 많이 뿌려두면 분명히 선으로 연결된다는 것이다. 이 자명한 진리를 절대로 잊지 않았으면 한다.

점을 뿌릴 시간이 앞으로 20~30년은 더 남아 있는 여러분의 청춘은 그 자체로 축복이다. 그 사실을 잊지 말고 계속해서 그 축복을 누리길 바란다.

골드만삭스를 신고
차이나를 걷는 여자

1판 1쇄 인쇄 2018년 5월 30일
1판 2쇄 발행 2018년 7월 5일

지은이 이은영

발행인 양원석
편집장 김효선
디자인 RHK 디자인팀 박진영, 김미선
해외저작권 황지현
제작 문태일
영업마케팅 최창규, 김용환, 정주호, 양정길, 이은혜, 신우섭,
유가형, 임도진, 김양석, 우정아, 정문희

펴낸 곳 ㈜알에이치코리아
주소 서울시 금천구 가산디지털2로 53, 20층 (가산동, 한라시그마밸리)
편집문의 02-6443-8863　　**구입문의** 02-6443-8838
홈페이지 http://rhk.co.kr
등록 2004년 1월 15일 제2-3726호

ISBN 978-89-255-6389-3 (03320)